Kau

Claudia Götze-Sam
& Sam Samnang

Khm

Wort für Wort

Kauderwelsch heißt:

- Schnell mit dem **Sprechen** beginnen, auch wenn nicht immer alles korrekt ist.
- Von der **Grammatik** wird nur das Wichtigste in einfachen Worten erklärt.
- Alle Beispielsätze werden doppelt ins Deutsche übertragen: erst **Wort-für-Wort,** dann in normales Deutsch. Die Wort-für-Wort-Übersetzung hilft, die neue Sprache schneller zu durchschauen, außerdem lassen sich dadurch leichter einzelne Wörter im fremdsprachigen Satz austauschen.
- Es geht um die **Alltagssprache,** also das, was man tatsächlich auf der Straße hört.
- Die **Autoren** sind entweder Reisende, die die Sprache im Land selbst gelernt haben oder Muttersprachler.

Kauderwelsch-Sprachführer sind keine Lehrbücher, aber viel mehr als traditionelle Reisesprachführer. Wer ein wenig Zeit investiert, einige Vokabeln lernt und die Sprache im Land anwendet, wird **Türen öffnen,** ein Lächeln ins Gesicht zaubern und reichere Erfahrungen machen.

Talk to each other!

Kauderwelsch zum Anhören

Einzelne Sätze und Ausdrücke aus diesem Buch können Sie sich **kostenlos anhören.** Diese **Aussprachebeispiele** erreichen Sie über die im Buch abgedruckten QR-Codes oder diese Adresse: www.reise-know-how.de/kauderwelsch/062.

Die Aussprachebeispiele im Buch sind Auszüge aus dem umfassenden Tonmaterial, das unter dem Titel **„Kauderwelsch Aussprachetrainer Khmer“** separat erhältlich ist – als Download über Online-Hörbuchshops (ISBN 978-3-95852-064-6) oder als CD im Buchhandel (ISBN 978-3-95852-314-2).

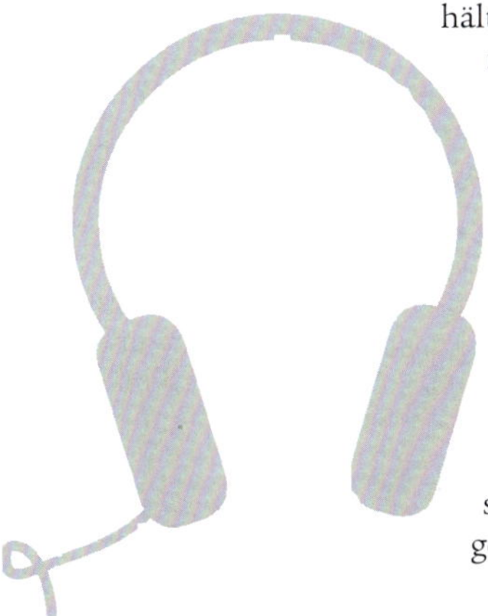

Beide Versionen erhalten Sie auch über unsere Internetseite:

- **www.reise-know-how.de**

Alle Sätze, die Sie auf dem Aussprachetrainer hören können, sind in diesem Buch mit einem 👂 gekennzeichnet.

Inhalt

Konversation

Anhang

Angkor Wat

Vorwort

Fährt man mit dem Ziel in ein fremdes Land, Land und Leute kennen lernen zu wollen, erweist es sich als ein großes Hindernis, wenn man die Landessprache nicht kann. Mit Französisch und Englisch kann man sich in Kambodschas Hauptstadt schon durchschlagen, sobald man jedoch Phnom Penh verlässt, muss man sich wohl oder übel auf Khmer umstellen. Davor brauchen Sie sich aber nicht zu fürchten, denn erstens gehört Khmer keinesfalls zur Kategorie der „nichterlernbaren Sprachen" und zweitens kann man sich immer der Unterstützung seitens der Kambodschaner sicher sein, die jeden Sprechversuch mit Freundlichkeit und Sympathie honorieren. Dieses Buch rüstet Sie mit den Khmer-Kenntnissen aus, die Sie für eine Reise nach Kambodscha benötigen. Dementsprechend stehen Kommunikationssituationen im Vordergrund, wie sie sich für einen durchs Land reisenden Touristen in Kambodscha ergeben. Der Stil ist auf der Ebene der (gepflegten) gesprochenen Umgangssprache angesiedelt. Situationen, die in Französisch oder Englisch bewältigt werden können (Flughafen, Zoll, Bank, Post), werden nicht behandelt.

Wir hoffen, dass dieses Buch Ihnen hilft, sich in Kambodscha besser zurechtzufinden und dort Freunde zu gewinnen.

Hinweise zur Benutzung

Der Spraschführer „Khmer" gliedert sich in die drei wichtigen Hauptabschnitte „Grammatik", „Konversation" und „Wörterliste".

Die **Grammatik** beschränkt sich auf das Wesentliche und ist so einfach gehalten wie möglich. Deshalb sind auch nicht alle Ausnahmen und Unregelmäßigkeiten der Sprache erklärt. Die Satzbeispiele sind praxisorientiert und wurden so gewählt, dass sie tatsächlichen Kommunikationssituationen entsprechen.

Benutzen Sie die Sätze wie Satzschablonen, die Sie Ihren Bedürfnissen anpassen.

Im **Konversationsteil** finden Sie Sätze aus dem Alltagsgespräch, die Ihnen einen ersten Eindruck davon vermitteln sollen, wie Khmer „funktioniert" und die Sie auf das vorbereiten sollen, was Sie später in Kambodscha hören werden.

Damit Sie die Wortfolge des Khmer in den Beispielsätzen nachvollziehen können, ist eine **Wort-für-Wort-Übersetzung** in *kursiver* Schrift ergänzt. Wird ein Wort in Khmer im Deutschen durch zwei Wörter übersetzt, sind diese in der Wort-für-Wort-Übersetzung durch einen Bindestrich verbunden. Auch bei in Khmer zusammengesetzten Wörtern bleibt der Bindestrich in der Wort-für-Wort-Übersetzung erhalten, z. B.:

tọw-leeng phteah khgnọm mdång!
(sich-)begeben-spielen Haus ich einmal
Besuchen Sie mich mal!

Seitenzahlen

Um Ihnen den Umgang mit den Zahlen zu erleichtern, wird auf jeder Seite die Seitenzahl auch auf Khmer in Lautschrift angegeben!

khgnọm mẹn skoal koat tee.
ich nicht kennen er/sie nein
Ich kenne ihn/sie nicht.

Werden in einem Satz mehrere Wörter angegeben, die man untereinander austauschen kann, steht ein Schrägstrich. Wörter in Klammern sind zum besseren Verständnis ergänzt worden.

Die **Wörterlisten** am Ende des Buches enthalten einen Grundwortschatz von je ca. 1000 Wörtern.

Die **Umschlagklappe** hilft, die wichtigsten Sätze und Formulierungen stets parat zu haben. Ist der Umschlag aufgeklappt, kann die gewünschte Satzkonstruktion mit dem entsprechenden Vokabular aus den einzelnen Kapiteln kombiniert werden. Wenn alles nicht mehr weiterhilft, dann ist vielleicht das Kapitel „Nichts verstanden? – Weiterlernen!" der richtige Tipp. Es befindet sich auch im Umschlag, stets bereit, mit der richtigen Formulierung für z. B. „Ich habe leider nicht verstanden." oder „Wie bitte?" auszuhelfen.

Verwendete Abkürzungen

AP	Aufforderungspartikel
BW	Bindewort
FP / FW	Fragepartikel / Fragewort
HW	Höflichkeitswort
HZV	Hilfszeitwort der Vergangenheit
HZZ	Hilfszeitwort der Zukunft
KW	Kategoriewort
offiz.	offiziell
S / P / O	Subjekt / Prädikat / Objekt
U	Umgangssprache
UB	Umstandsbestimmung
VP	verstärkende Partikel
w / m	weiblich / männlich

Über die Sprache

Khmer ist eine sehr konkrete Sprache. Viele Sachverhalte werden sehr detailliert ausgedrückt und es mangelt häufig an abstrakten Wörtern.

Khmer ist **Amtssprache** in Kambodscha und Muttersprache der Khmer, der ethnischen Gruppe, die mit ca. 90% den Hauptanteil der Bevölkerung Kambodschas ausmacht. Gegenwärtig stellt Khmer das Hauptkommunikationsmittel in allen Bereichen der kambodschanischen Gesellschaft dar. Außer in Kambodscha wird Khmer von Minderheiten im Süden Vietnams, im Osten Thailands und im Süden von Laos gesprochen. Die Sprachwissenschaft ordnet Khmer in die austroasiatische Sprachfamilie, innerhalb der es mit **Mon**, das vorwiegend in Niederburma und Thailand gesprochen wird, den Mon-Khmer-Zweig bildet.

Khmer ist eine alte **Schriftsprache** mit einer reichen literarischen Tradition. Die Schrift wurde von einem südindischen Alphabet abgeleitet. Das älteste Schriftdenkmal ist eine Inschrift in Angkor Borei (Provinz Takeo) aus dem Jahre 611.

Charakteristisch für den **grammatischen Bau** des Khmer ist, dass es keine Beugungsformen (Flexion) wie z. B. im Deutschen gibt. Die unveränderbaren Wörter werden in Wortgruppen und Sätzen einfach nebeneinander gesetzt. Die Beziehungen der Wörter untereinander werden durch ihre Reihenfolge und durch zusätzliche lexikalische Elemente ausgedrückt. Alle Wörter können deshalb so, wie sie im Wörterbuch vorgefunden werden, verwendet werden. Vergangenheit, Gegenwart, Zukunft werden, soweit eine genauere Angabe überhaupt notwendig ist, ebenfalls durch lexikalische Mittel ausgedrückt, d. h. man gibt an, ob eine Handlung vor zehn Jahren, vor zwei Wochen oder gestern stattgefunden hat, oder wann sie konkret in der Zukunft stattfinden wird.

Der **Wortschatz** des Khmer enthält eine große Zahl von Lehnwörtern aus dem Sanskrit und Pali, den Sprachen des Mahayana- bzw. Theravada-Buddhismus, die zu unterschiedlichen Zeiten in Kambodscha als gelehrte Sprachen fungierten. Diese Wörter sind im Gegensatz zu den ein- und zweisilbigen reinen Khmer-Wörtern meist mehrsilbig.

Die Lehnwörter wurden dem Sprachsystem des Khmer angepasst und stellen keine besondere Schwierigkeit dar (bis auf die Rechtschreibung, die uns hier nicht interessiert).

Wenn sich Kambodschaner unterhalten, wird der Französisch-Kundige meinen, das eine oder andere Wort zu verstehen.

Kambodscha war fast 100 Jahre französische Kolonie. In dieser Zeit und auch noch Jahre später wurde in der Verwaltung und im Bildungswesen Französisch benutzt. Obwohl im Laufe der Zeit für alles Bezeichnungen in Khmer eingeführt wurden, findet man in der Umgangssprache immer noch eine Reihe französischer Wörter, die jedoch phonetisch völlig dem Khmer angepasst sind, z. B.

poḷih	*„police"*	Polizei
otaäl	*„hôtel"*	Hotel
teeleefon	*„telephone"*	Telefon

Die Schrift

Die Khmer benutzen eine Buchstabenschrift, zu deren Schreibung 33 Zeichen für Mitlaute (Konsonanten), 24 Zeichen für Selbstlaute (Vokale) und Vokalkombinationen (Diphtonge) sowie 14 Zeichen für Initialvokale für Pali- und Sanskritwörter und eine Reihe von Zusatzzeichen, so genannte diakritische Zeichen, zur Verfügung stehen.

Zwischen Lautung und Schreibung besteht keine völlige Entsprechung, so dass es schon einige Mühe kostet, sich die richtige Schreibung anzueignenen. Hinzu kommt, dass es für viele Wörter mehrere Schreibweisen gibt.

das Khmer-Alphabet

ក	kå	ញ	gnoo	ទ	too	យ	yoo
ខ	khå	ដ	då	ធ	thoo	រ	roo
គ	koo	ឋ	thå	ន	noo	ល	loo
ឃ	khoo	ឌ	då	ប	bå	វ	woo
ង	ngoo	ឍ	thå	ផ	phå	ស	så
ច	djå	ណ	nå	ព	poo	ហ	hå
ឆ	tschå	ត	tå	ភ	phoo	ឡ	lå
ជ	djoo	ថ	thå	ម	moo	អ	å
ឈ	tschoo						

Mitlaute (Konsonanten)

Aufgrund der den Mitlauten innewohnenden Selbstlaute å bzw. oo werden die Mitlaute in zwei Reihen geteilt: die å-Reihe und die oo-Reihe.

ា	a/ia/oa/ea	ែ	aä/eä
ិ	ẹ/ị	ៃ	ai/ẹy
ី	ey/ii	ោ	ao/oo
ឹ	ọ̈/oẹ	ៅ	ạw/ọw
ឺ	ö/ü	ុំ	ọm/ụm
ុ	ọ/ụ	ំ	ạ̊m/ụm
ូ	o/u	ាំ	ạm/oam/ạng/eang
ួ	ua	ះ	ạh/eah
ើ	aö/ö	ុះ	ọh/ụh
ឿ	öå	េះ	ẹh/ịh
ៀ	ia	ោះ	ạ̊h/uah
េ	ee		

Selbstlaute (Vokale)

Die Aussprache eines Selbstlautes ist davon abhängig, ob er mit einem Mitlaut der Reihe å oder oo verbunden wird.

Die Umschrift

Damit Sie sofort mit dem Sprechen beginnen können, haben wir hier eine Umschrift erarbeitet, die vom Deutschen ausgeht und auch ohne Vorkenntnisse leicht zu handhaben ist. Die Umschrift kommt dem Khmer zwar ziemlich nahe, aber natürlich ist es nicht möglich, anhand dieser vereinfachten Darstellung phonetisch exakt Khmer sprechen zu lernen. Daher gibt es zu diesem Buch begleitendes Tonmaterial, das wir jedem sehr empfehlen.

Wichtig ist, dass bei der Umschrift die einzelnen Buchstaben nicht getrennt voneinander gelesen, sondern stets ohne Pause miteinander verbunden werden.

Allen an der Schrift Interessierten sei gesagt, dass die Überführung der Umschrift in die Khmer-Schrift nicht immer gelingen wird, da viele Wörter anders geschrieben werden als gesprochen.

Die Umschrift bedient sich folgender Zeichen: Der Punkt unter den Lautbuchstaben ạ, ạ̊, ẹ, ị, ọ, ọ̈, ụ kennzeichnet ihre Kürze. Der Punkt auf der Mitte () steht für eine kurze Pause. Der Bindestrich (-) in Wörtern kennzeichnet die Nahtstelle zweier oder mehrerer Bestandteile von zusammengesetzten Wörtern. Im Folgenden werden nur die Buchstaben der Umschrift erläutert, deren Aussprache (eventuell) vom Deutschen abweicht.

Konsonanten

dj	wie „dsch" in „**Dsch**ungel"
gn	„nj", klingt wie „gn" in „Champi**gn**on"
h	zeigt eine Behauchung an und wird immer gesprochen wie in „**H**aus"
k	unbehauchtes „k" wie „c" in „Eau de **C**ologne"
kh	behauchtes (deutsches) „k" wie in „**k**ommen"
ng	wie „ng" in „fa**ng**en", das „g" wird nicht richtig gesprochen
p	unbehauchtes „p" wie in „sto**p**t"
ph	behauchtes (deutsches) „p" wie in „**P**ark"
r	gerolltes Zungen-R wie im Spanischen od. Italienischen, z. B. „**R**oma"
s	immer stimmloses „s" wie in „Bu**s**"
t	unbehauchtes „t" wie in „s**t**udieren"
th	behauchtes (deutsches) „t" wie in „**T**ag"
tsch	klingt wie „dch" in „Mä**dch**en"
y	wie „j" in„**j**a"

In Kambodscha heißt es genau hinhören, wie es Kambodschaner sagen. Keine Hemmungen beim Sprechen! Das Lachen der Kambodschaner ist meist nur Ausdruck ihrer Freude darüber, einen Ausländer Khmer sprechen zu hören.

Ein h in der Umschrift kennzeichnet behauchte Laute. Buchstaben ohne h repräsentieren nicht behauchte Laute. Bei der Aussprache der nicht behauchten Laute ist bewusst die Behauchung zu unterdrücken. Zum Test kann man sich die Hand vor den Mund halten. Bei richtiger Aussprache darf kaum ein Lufthauch spürbar sein. Bei der Aussprache eines behauchten Lautes muss ein stärkerer Lufthauch festzustellen sein.

Vokale & -verbindungen

aä	zwischen „a" und „ä"
ai	wie „**Ei**"
ao	„au" wie in „G**au**men"
aö	zwischen **a** und **ö** im hinteren Mundraum sprechen, Lippen nicht spitzen
ạw	kurzes **a** plus **w** wie in „**W**ein"
å	offenes „o" wie in „**O**ch!"
ea	klingt wie in „**Er**de"
eä	„ä" wie in „kr**äh**en"
eah	langes „e" wie in „T**ee**"
eang	langes „e" wie in „T**ee**"
ẹy	zwischen „e" wie in „Sprach**e**" und **iy**
ey	klingt wie „äj" wie in „Mars**eille**"
ia	klingt wie in „h**ier**"
o	geschlossenes „o" wie in „**O**fen"
oa	klingt wie in „**Ohr**"
oẹ	ähnlich **ọ**, jedoch tiefer im Mundraum sprechen
oo	langes „o" wie in „M**oo**s"
ö	im hinteren Mundraum sprechen, Lippen spitzen, ähnlich wie in „M**ö**glichkeit"
öå	zwischen **ö** und **å** im hinteren Mundraum sprechen, Lippen nicht spitzen
ọw	kurzes **ö** und **w** wie in „**W**ein"
ū	liegt etwa zwischen **ö** und **ü**, im hinteren Mundraum sprechen, Lippen nicht spitzen
ua	klingt wie in „**Uhr**"

Wörter, die weiterhelfen

Mit folgenden Wörtern und Sätzen, für die Sie keine Grammatikkenntnisse benötigen, ist eine erste Verständigung möglich.

Soll einem Sachverhalt zugestimmt werden, verwenden Frauen **djah** (ja) und Männer **bat** (ja). Seine Ablehnung kann man mit **tee** (nein) ausdrücken. Hier gibt es für Männer und Frauen nur eine Form.

Aufpassen, die Verwechslung von djah *und* bat *ruft meist Gelächter hervor!*

mian (vorhanden sein, es gibt)

mian ...	Haben Sie ...
... båntụb?	... ein Zimmer?
... siiklo?	... eine Rikscha?
... toẹk?	... Wasser?
... bay?	... Essen?
... gekochter-Reis	

Um zu erfragen, ob es etwas Bestimmtes gibt, ob es vorrätig ist, verwendet man das Wort mian *(vorhanden sein, es gibt).*

djah mian. / **bat mian.**
ja(w) es-gibt/ja(m) es-gibt
Ja *(w/m)*, gibt es.

tee kmian tee.
nein nicht-es-gibt nicht
Nein, gibt es nicht.

nộw-aäna (wo befindet sich)

Von größtem Interesse für einen Fremden ist die Frage danach, wo sich etwas oder jemand befindet. Kein Problem! Hinter die Bezeichnung der entsprechenden Person oder des Gegenstandes wird einfach nộw-aäna (wörtlich „sich befinden-wo“) gesetzt.

Wörter, die weiterhelfen

Das Hotel Monorum ein großes Hotel in Phnom Penh.

otaäl moonoorụm nọw-aäna?
Hotel Monorum (sich-)befinden-wo
Wo ist das Hotel Monorum?

wial-yụnhậh *Ebene Flugzeug*	Flugplatz
thooniakia, U: **bậng**	Bank
praisany, U: **pọh**	Post
woat	Kloster
tursạb	Telefon
sthanii-rootẹh-phlöng *Station-Wagen-Feuer*	Bahnhof

pråthian nọw-aäna?
Chef (sich-)befinden-wo
Wo ist der Chef?

phsa nọw-aäna?
Markt (sich-)befinden-wo
Wo ist der Markt?

trọwka (benötigen, brauchen)

Will man ausdrücken, dass man etwas benötigt oder haben möchte, dann benutzt man trọwka.

khgnọm trọwka bậntụb.
ich benötigen Zimmer
Ich brauche ein Zimmer.

khgnọm djậng ban kậnsaäng-dai.
ich möchten haben Tuch-Hand
Ich möchte ein Taschentuch haben.

Satzstellung im Aussagesatz

Die Wörter verändern sich bei ihrer Verknüpfung zu Wortgruppen und Sätzen nicht. Die Satzstellung im einfachen Khmer-Satz entspricht der im Deutschen und folgt der Regel: Subjekt (Satzgegenstand) – Prädikat (Satzaussage) – Objekt (Satzerganzung). Umstandsbestimmungen stehen im Allgemeinen hinter dem Prädikat bzw. Objekt.

Subjekt	Prädikat	Objekt
khgnọm	**rook**	**poḷih.**
ich	*suchen*	*Polizei*
Ich	suche	die Polizei.

Die Stellung von Subjekt und Objekt kann nicht vertauscht werden, denn das würde mitunter zu großen Missverständnissen führen.
Im Unterschied zum Deutschen bildet das Prädikat keinen Rahmen, wird also nicht getrennt, sondern bleibt als Ganzes vor dem Objekt stehen.

©thongsee@Fotolia.com

Holztransport per Schiene

Hauptwörter

Im Gegensatz zum Deutschen gibt es im Khmer keine Beugung („des Mannes, dem Mann" usw.).

Geschlecht

Die Hauptwörter (Substantive) haben kein grammatisches Geschlecht. Auch Artikel gibt es nicht. Nun besitzen Lebewesen aber ein natürliches Geschlecht. Soll das hervorgehoben werden, können bestimmte Wörter vor- bzw. nachgestellt werden.

Bei Menschen werden srey (Frau) bzw. prọh (Mann) nachgestellt, z. B.:

Achtung: Für Menschen und Tiere bzw. auch Pflanzen werden unterschiedliche Geschlechtswörter benutzt!

kon-srey *Kind-Frau*	Tochter
kon-prọh *Kind-Mann*	Sohn
bång-srey *älteres-Geschwister-Frau*	ältere Schwester
bång-prọh *älteres-Geschwister-Mann*	älterer Bruder

Für die zahlreichen Pali- und Sanskrit-Lehnwörter werden unterschiedliche Nachsilben zur Bezeichnung des Geschlechts verwandt. Die braucht sich aber ein Kauderwelsch-Leser nicht einzuprägen. Soll jedoch unbedingt das natürliche Geschlecht hervorgehoben werden

(z. B. möchte man zu einer Ärztin und nicht zu einem Arzt), dann wird man verstanden, wenn man einfach srey (Frau) oder prọh (Mann) an ein entsprechendes Wort anhängt, obwohl das grammatisch nicht immer ganz richtig ist.

peet-srey	*Arzt-Frau*	Ärztin
peet-prọh	*Arzt-Mann*	Arzt

Bei Tieren verwendet man gnii (weiblich) bzw. tschmool (männlich), die ebenfalls nachgestellt werden, z. B.:

koo-gnii	*Rind-weiblich*	Kuh
koo-tschmool	*Rind-männlich*	Bulle
moan-gnii	*Huhn-weiblich*	Henne
moan-tschmool	*Huhn-männlich*	Hahn

Darüber hinaus kennzeichnet man mit den vorangestellten Wörtern kon (Kind) die Nachkommen und mee das Muttertier.

mee-koo	*Muttertier-Rind*	Kuh (die bereits gekalbt hat)
kon-koo	*Kind-Rind*	Kalb
mee-moan	*Muttertier-Huhn*	Glucke
kon-moan	*Kind-Huhn*	Küken

zusammengesetzte Hauptwörter

Anders als im Deutschen steht das Wort, welches näher bestimmt wird, an erster Stelle, d. h. vor dem bestimmenden Wort.

Nur Mut! Nach diesem Prinzip können Sie viele zusammengesetzte Wörter selbst bilden.

thwia	**+ phteah**	**= thwia-pteah**	Haustür
Tür	*Haus*	*Tür-Haus*	
sao	**+ phteah**	**= sao-phteah**	Hausschlüssel
Schlüssel	*Haus*	*Schlüssel-Haus*	

Mehrzahl

Allein an den Wörtern moonụh (Mensch) oder båntụb (Zimmer) ist nicht ablesbar, ob es sich um „einen" Menschen bzw. „ein" Zimmer oder um „mehrere" Menschen bzw. Zimmer handelt. Eine Präzisierung erfolgt im Khmer durch bestimmte und unbestimmte Zahlwörter. Das Mehrzahlwort (MW) teanglay wird am häufigsten zum Ausdruck der Mehrzahl verwendet.

moonụh teanglay *Mensch MW*	Menschen
båntụb teanglay *Zimmer MW*	Zimmer (Mehrzahl)

Eine bestimmte Anzahl wird mit Hilfe von Zahlwörtern, denen oft ein Kategoriewort (KW) folgt, angegeben (Näheres s. Kapitel „Kategoriewort" bzw. „Zahlen & Zählen").

båntụb muay *Zimmer eins*	ein Zimmer
moonụh pii neak *Mensch zwei KW*	zwei Menschen, zwei Personen

Dies & Das

Die hinweisenden Fürwörter (Demonstrativpronomen) **nịh** (dieses) und **nụh** (das, jenes) werden im Khmer häufig verwendet, da sehr genau ausgedrückt wird, um welche Person, welchen Gegenstand und welche Erscheinung es sich handelt. Sie werden dem Hauptwort und dem Eigenschaftswort nachgestellt.

hang nịh	**lan nụh**	**lan todj nụh**
Geschäft dieses	*Auto jenes*	*Auto klein jenes*
dieses Geschäft	jenes Auto	jenes kleine Auto

Eigenschaftswörter

Eigenschaftswörter (Adjektive) sind nicht an besonderen äußeren Merkmalen erkennbar. Sie stehen hinter dem Wort, dessen Merkmale oder Eigenschaften sie kennzeichnen.

lan thmey	**sway tụm**
Auto neu	*Mango reif*
ein neues Auto, neue Autos	eine reife Mango, reife Mangos

Steigerung

Sollen Dinge oder Erscheinungen einander gleichgesetzt werden, wird das Vergleichswort dodj (genauso wie) verwendet. Es steht unmittelbar nach dem Eigenschaftswort.

aw nịh sat dodj aw nụh.
Hemd dieses schön genauso-wie Hemd jenes
Dieses Hemd ist genauso schön wie jenes.

Eigenschaftswörter werden durch Nachstellen der Wörter djiang, djiang mụn *und* djiang-kee-teang-ậh *gesteigert.*

djiang
mehr, mehr als (Vergleich mit anderen Personen oder Sachen)
djiang mụn
mehr als vorher (Vergleich mit einem früheren Zeitpunkt)
djiang kee-teang-ậh *(mehr man-alle)*
mehr als alle (Superlativ)

aw nịh sat djiang aw nụh.
Hemd dieses schön mehr-als Hemd jenes
Dieses Hemd ist schöner als jenes.

aw nịh sat djiang kee-teang-ậh.
Hemd dieses schön mehr-als man-alle
Dieses Hemd ist das schönste.

aw nịh thlai dijang mụn.
Hemd dieses teuer mehr-als vorher
Dieses Hemd ist teurer geworden.

einige nützliche Eigenschaftswörter

todj	klein	**thọm**	groß
tiab	niedrig	**khpuah**	hoch, groß
lå	gut	**mẹn-lå/ -akrạ̊k**	nicht gut/ schlecht
s̊at	schön	**mẹn-s̊at/ -akrạ̊k**	nicht schön/ schlecht
s̊at	sauber	**kåkhwạ̊k**	schmutzig
djraön	viel	**tẹdj**	wenig
thaok	billig	**thlai**	teuer
weäng	lang	**khley**	kurz
djẹt	nah	**tschngay**	weit, fern
djạh	alt	**khmeeng**	jung
djạh	alt	**thmey**	neu
löån	schnell	**yūt**	langsam
sral	leicht	**thngụn**	schwer
srual	einfach	**pịbak**	schwierig
krå	arm	**mian**	reich
trọ̈w	richtig	**khọh**	falsch
ngoȯngẹt	dunkel	**phlū**	hell
djạh	dunkel	**khdjey**	hell (Farbe)
khlian	hungrig	**tschaät**	satt
khdạw	warm	**trådjeak**	kalt
snguat	trocken	**saöm**	nass
ụsa	fleißig	**khdjịl**	faul
sruadj	spitz	**tial**	stumpf
mul	rund	**djrụng**	eckig
sloot	gut	**kadj**	böse

khpuah *wird auch für Personen verwendet.*

kadj *bedeutet „böse" in Bezug auf den Charakter.*

Persönliche Fürwörter

Das Khmer besitzt ein kompliziertes System von persönlichen Fürwörtern (Personalpronomen) und Anredeformen, bei deren Verwendung die soziale Stellung, das Alter, der Grad der Vertrautheit und die persönliche Haltung der Gesprächspartner zueinander eine große Rolle spielen.

Die nebenstehenden persönlichen Fürwörter sind relativ situationsunabhängig und daher für Touristen geeignet.

khgnọm	ich
aäng	du
koat	er, sie
wia	es
yöng	wir
neak-teang-ậh *Sie-alle*	ihr
kee-teang-ậh *man-alle*	sie

Anrede

neak	Sie (höflich in der Alltagssprache für beide Geschlechter)
neak-srey *Sie-Frau*	Sie (höfl., offiziell für Frauen)
look	Sie (höfl., offiziell für Männer)

An Stelle von „du“ und „Sie“ werden auch sehr gerne Namen oder Berufsbezeichnungen, z. B. look-kru (Herr Lehrer), od. Verwandtschaftsbezeichnungen, wie pu (Onkel), miing (Tante) usw., verwendet (s. a. Kap. „Anrede“).

Besitzanzeigende Fürwörter

Besitzanzeigende Fürwörter (Possessivpronomen) werden mit dem Wort roobậh (von) und dem persönlichen Fürwort gebildet und dem Hauptwort nachgestellt.

roobậh khgnọm	mein
roobậh aöng	dein
roobậh koat	sein, ihr
roobậh wia	sein, ihr
roobậh yöng	unser
roobậh neak-teang-ậh *von Sie-alle*	euer
roobậh kee-teang-ậh *von man-alle*	ihr

roobậh wia *wird für Kinder und Tiere verwendet.*

Anrede

roobậh neak *von Sie*	Ihr (für beide Geschlechter)
roobậh neak-srey *von Sie-Frau*	Ihr (für Frauen)
roobậh look *von Sie*	Ihr (für Männer)

eywạn roobậh khgnọm *Gepäck von ich*	mein Gepäck
lan thmey roobậh khgnọm *Auto neu von ich*	mein neues Auto
lan roobậh khgnọm thmey. *Auto von ich neu*	Mein Auto ist neu.
eywạn khgnọm *Gepäck ich*	mein Gepäck

roobậh *(von) kann prinzipiell auch weggelassen werden.*

Verben & Zeiten

Das erfreulichste am Verb (Tätigkeitswort) ist, dass es keine Beugung gibt. In einfachen Sätzen bilden Verben das 2. Satzglied:

khgnọm tọ̈w takaäw.
ich (sich-)begeben Takeo
Ich fahre nach Takeo.

Hilfszeitwörter der Vergangenheit (HZV) bzw. Zukunft (HZZ) und Modalverben stehen vor dem Vollverb.

khgnọm ban tọ̈w takaäw.
ich HZV (sich-)begeben Takeo
Ich fuhr/bin nach Takeo gefahren.

khgnọm djảng tọ̈w takaäw.
ich möchten (sich-)begeben Takeo
Ich möchte nach Takeo fahren.

Die zeitliche Einordnung eines Sachverhalts erfolgt im Allgemeinen durch die Angabe z. B. des Monats, des Tages, der Tageszeit (morgens, mittags usw.) der Uhrzeit usw. Hilfszeitwörter sind dann nicht notwendig.

eylọ̈w nịh khgnọm tọ̈w takaäw.
jetzt diese ich (sich-)begeben Takeo
Jetzt fahre ich nach Takeo. (Gegenwart)

pii thngai mụn khgnọm tọ̈w takaäw.
zwei Tage zuvor ich (sich-)begeben Takeo
Vor zwei Tagen bin ich nach Takeo gefahren. (Vergangenheit)

pii thngai tiat khgnọm tộw takaäw.
zwei Tage noch ich (sich-)begeben Takeo
In zwei Tagen werde ich nach Takeo fahren. (Zukunft)

Wurde in einem vorangegangenen Satz bereits eine Zeitstufe erwähnt, dann braucht man im Folgenden keine Zeitangabe mehr anzugegeben. Man spricht einfach in der Gegenwart.

Hilfszeitwörter

Die Hochsprache bietet aber auch die Möglichkeit zum Ausdruck der Zeitstufen Vergangenheit und Zukunft durch Verwendung von ban – Hilfszeitwort für Vergangenheit (HZV) – und von noẹng – Hilfszeitwort für Zukunft (HZZ)–, die vor das Verb platziert werden.

Vergangenheit

khgnọm ban tộw takaäw.
ich HZV (sich-)begeben Takeo
Ich bin nach Takeo gefahren.

Zukunft

khgnọm noẹng tộw takaäw.
ich HZZ (sich-)begeben Takeo
Ich werde nach Takeo fahren.

einige wichtige Verben

mian *(haben)*

Thavy mian kon pii.
Thavy haben Kind zwei
Thavy hat zwei Kinder.

ban *(bekommen)*

Mom ban kon-prọh muay.
Mom bekommen Kind-Mann eins
Mom hat einen Sohn bekommen.

djia *(sein)*
entspricht dem deutschen Hilfsverb „sein" wie in nebenstehenden Konstruktionen.

khgnọm djia kru.
ich sein Lehrer
Ich bin Lehrer.

nịh djia djaätdey.
diese sein Stupa
Das ist ein Stupa.

Achtung! Bei der Übersetzung der deutschen Konstruktionen Eigenschaftswort + „sein" (z. B. „krank sein, dick sein") wird djia nicht verwendet.

khgnọm tschū.
ich krank
Ich bin krank.

koat thoat.
er dick
Er ist dick.

djẹh *(können)*
steht für „können" im Sinne von „die geistige und körperliche Fähigkeit haben, etwas zu tun".

puakmak khgnọm djẹh nịyiay phiasa barạng.
Freund ich können sprechen Sprache Französisch
Mein Freund kann Französisch sprechen.

koat djẹh slå kari.
er/sie können (Suppe-)kochen Curry
Er/sie kann Currysuppe kochen.

djạ̊ng
(wollen, möchten)

khgnọm djạ̊ng ngut-toẹk.
ich wollen (sich-)übergießen-Wasser
Ich möchte duschen.

Soll ausgedrückt werden, dass man etwas haben will, wird ban (bekommen) hinter djạ̊ng (wollen, möchten) gesetzt. Dann folgt das gewünschte Objekt.

khgnọm djạ̊ng ban sabu-kạ̊k-sạ̊k.
ich wollen bekommen Seife-waschen-Haare
Ich möchte Shampoo haben.

Befehlsform

Befehle erteilen: im Khmer kein Problem. Das Verb bleibt unverändert. Man spricht es lediglich mit scharfem Ton, eben im Befehlston:

tọ̈w!	*gehen*	Geh!, Hau ab!

reflexive Verben

Reflexive Verben, wie wir sie aus dem Deutschen kennen, gibt es im Khmer nicht. Einige jedoch, die sich auf den Körper beziehen, können durch Nachstellen des Wortes khluon (Körper) wiedergegeben werden.

Viele deutsche rückbezüglich (reflexive) Verben werden im Khmer mit einem einfachen Verb ausgedrückt, z. B. prågnạb *(sich beeilen).*

djut khluon
abtrocknen Körper
sich abtrocknen

leak khluon
verstecken Körper
sich verstecken

„einander"

Drückt das deutsche reflexive Fürwort (Reflexivpronomen) „sich" eine wechselseitige Beziehung zwischen mehreren Subjekten aus („einander"), kann dasselbe im Khmer durch Nachstellen des Wortes knia (einander) erreicht werden.

skoal knia	*kennen einander*	sich kennen
djuab knia	*treffen einander*	sich treffen
aob knia	*umarmen einander*	sich umarmen

Verhältniswörter

Die Verhältniswörter (Präpositionen) stehen wie im Deutschen vor Hauptwörtern oder Fürwörtern.

knọng	in (örtl., zeitl.)
krạw	außen
kraoy	hinter
pii	von, aus (örtl., zeitl.)
djiamuay	mit
mụn – mụk	vor (zeitl.) – vor (örtl.)
åmpii	über (drückt aus, dass die Handlung auf etwas/jemanden gerichtet ist, z. B. „über jemanden reden“)
djånlåh	zwischen (örtl., zeitl.)
dål	bis (örtl., zeitl.)
krạw-pii	außer, abgesehen von
roobåh	von (Besitz)
tạng-pii	seit
tröm	bis (zu einer bestimmten Grenze, örtl., zeitl.)
djụmwẹgn	um ... herum
lö	über (örtl.)
kraom	unter
djụmnuah	für (an Stelle von)
såmrạb	für (Zweck)

roobåh *(von) zeigt Besitz an und entspricht dem 2. deutschen Fall Genitiv.*

khgnọm djåt lan kraoy phteah.
ich parken Auto hinter Haus
Ich parke das Auto hinter dem Haus.

Richtungswörter

Eine im Deutschen nicht bekannte Erscheinung sind die Richtungswörter. Im Deutschen werden an ihrer Stelle häufig Verhältniswörter verwendet.

mook *herbewegen*	auf den Sprecher gerichtet
tọw *wegbewegen*	weg vom Sprecher
djun (höfl.) *geben*	weg vom Sprecher
aoy (U) *geben*	weg vom Sprecher
djọh *hinunterbewegen*	hinunter
laöng *hinaufbewegen*	hinauf
djol *hineinbewegen*	hinein

Richtungswörter geben die Richtung oder das Ziel einer Handlung an. Sie stehen hinter dem Verb, das diese Handlung bezeichnet. Die unten genannten Richtungswörter treten auch als Verben auf. Hier die am häufigsten verwendeten Richtungswörter.

khgnọm phgnaö siawphọw nịh tọw look kịm.
ich schicken Buch diese wegbewegen Herr Kim
Ich schicke dieses Buch an Herrn Kim.

koat baök lan laöng phnụm.
er fahren Auto hinaufbewegen Berg
Er fährt mit dem Auto den Berg hinauf.

kmeeng loot djọh pii rooteh-koo.
Kind springen hinunterbewegen von Karren-Rind
Das Kind springt vom Rinderkarren.

Umstandswörter

Äußerlich unterscheiden sich die Umstandswörter nicht von Eigenschaftswörtern.

Umstandswörter, die Verben näher bestimmen, stehen im Allgemeinen hinter dem Verb. Das trifft insbesondere auf die Eigenschaftswörter zu, die in der Funktion von Umstandswörtern verwendet werden können.

thwö-ka lå	*machen-Arbeit gut*	gut arbeiten

Umstandsbestimmungen der Zeit/des Ortes stehen, wenn Zeit oder Ort hervorgehoben werden sollen, am Satzanfang, ansonsten am Ende des Satzes.

khgnọm mook-leeng neak ṡaäk.
ich kommen-spielen Sie morgen
Ich komme Sie morgen besuchen.

khan-ṡaäk khgnọm mook-leeng neak.
fehlen-morgen ich kommen-spielen Sie
Übermorgen komme ich Sie besuchen.

Umstandsbestimmungen des Ortes

khang-mụk	*Seite-vor*	vorn
khang-kraoy	*Seite-hinter*	hinten
khang-lö	*Seite-auf*	oben
khang-kraom	*Seite-unter*	unten
khang-khnọng	*Seite-in*	drinnen
khang-krạw	*Seite-außen*	draußen
khang-tschweeng	*Seite-links*	links
khang-sdạm	*Seite-recht*	rechts

tiat	noch
mẹn toan	noch nicht
lmoom	genug, ausreichend
thọm lmoom	groß genug
djraön	viel
djraön peek	zu viel
djianịdj	immer
roal	jede
djịt	fast (djịt dằb neak „fast zehn Personen“)
stö	fast (stö roal thngai „fast jeden Tag“)
pråhaäl	vielleicht
taä	nur
haöy	schon (pii-dång haöy „zweimal schon“)

weitere Umstandswörter

khgnọm djặng gnạm kafee muay paäng tiat.
ich wollen trinken Kaffee eins Tasse noch
Ich möchte noch eine Tasse Kaffee trinken.

bặntụb nịh thọm lmomm.
Zimmer dieses groß genug
Dieses Zimmer ist groß genug.

koat thwö-ka taä peel proẹk.
er/sie machen-Arbeit nur Zeit Vormittag
Er/Sie arbeitet nur vormittags.

Aber:

ban haöy!
Es ist genug! Es reicht!

Verneinung

Tee (nein) wird immer dann verwendet, wenn man im Deutschen „Nein“ sagt, also als Antwort bei Entscheidungsfragen. Die Verneinung von Verben erfolgt durch die Verneinungspartikel mẹn ... tee („nicht ... nein“), wobei mẹn vor dem Verb steht und tee danach bzw. an das Satzende platziert wird.

khgnọm mẹn skoal koat tee.
ich nicht kennen er/sie nein
Ich kenne ihn/sie nicht.

Eigenschaftswörter werden wie Verben verneint. Eine Verstärkung kann durch sậh *(überhaupt nicht) an Stelle von* tee *erreicht werden.*

koat mẹn thoat tee.
er/sie nicht dick nein
Er/sie ist nicht dick.

ạw nịh mẹn sat tee.
Hemd dieses nicht schön nein
Dieses Hemd ist nicht schön.

ạw nịh mẹn sat sậh.
Hemd dieses nicht schön (überhaupt-)nicht
Dieses Hemd ist überhaupt nicht schön.

kein, niemand, nichts

khgnọm kmian kậng tee.
ich nicht-haben Fahrrad nein
Ich habe kein Fahrrad.

tii nịh kmian peet tee.
Ort hier nicht-haben Arzt nein
Hier gibt es keinen Arzt.

Mit kmian ... tee *(„nicht haben ... nein") kann man ausdrücken, dass man etwas nicht hat.*

Es gibt verschiedene Möglichkeiten, „niemand" und „nichts" auszudrücken. Wir geben hier eine sehr gebräuchliche:

kmian neak-na ... tee	niemand
nicht-haben Person-welche ... nein	
kmian awey ... tee	nichts
nicht-haben etwas ... nein	

kmian neak-na nọ̈w phteah tee.
nicht-haben Person-welche (sich-)befinden Haus nein
Niemand ist zu Hause.

kmian awey adj djuay koat ban tee.
nicht-haben etwas können helfen er/sie möglich(-sein) nein
Nichts kann ihm helfen.

Tuk Tuk

Satzbau

Zu Beginn des Grammatikteils wurde bereits die Satzgliedfolge im einfachen Aussagesatz erläutert. Auch bei der Verknüpfung zweier Hauptsätze bzw. von Haupt- und Nebensätzen bleibt die prinzipielle Satzgliedfolge in den einzelnen Gliedsätzen erhalten.

Hauptsatz + Hauptsatz

S	P	O	BW	S	P	O
koat	**djång djuab**	**khgnọm**	**taä**	**koat**	**kmian**	**peel.**
er/sie	*möchten treffen*	*ich*	*aber*	*er/sie*	*nicht-haben*	*Zeit*
Er/sie möchte mich treffen, aber er/sie hat keine Zeit.						

Hauptsatz + Nebensatz

S	P	O	BW	S	P	O
koat	**prạb**	**khgnọm**	**tha**	**koat**	**tọw**	**woat.**
er/sie	*sagen*	*ich*	*dass*	*er/sie*	*(sich-)begeben*	*Kloster*
Er/sie sagt mir, dass er/sie zum Kloster geht.						

Partikel

Die Kambodschaner benutzen besonders in der Umgangssprache eine Vielzahl kleiner Wörter, die entweder keine selbständige lexikalische Bedeutung haben oder häufig nicht mit ihrer lexikalischen Bedeutung verwendet werden. Um den Leser nicht zu sehr zu verwirren, beschränkt sich ihre Anwendung in den Beispielen auf einige wenige. In der Wort-für-Wort-Übersetzung werden sie durch Abkürzungen wie AP, HW, FP, VP wiedergegeben, was auf ihre Funktion im Satz hinweisen soll.

AP = Aufforderungspartikel

phång

phång (lexikalische Bedeutung: bitte auch) bringt eine sehr höfliche Aufforderung zum Ausdruck.

djuay khgnọm phång!
helfen ich AP
Helfen Sie mir bitte! / Hilf mir bitte!

Die beiden Auffordungspartikel stehen am Satzende.

tọ̈w

tọ̈w (wegbegeben, gehen) ist eine etwas stärkere Aufforderung und entspricht etwa im Deutschen „Mach doch!“ „Los doch!“. Scharf gesprochen kommt es einem Befehl gleich.

Jemand ist sich z. B. unschlüssig, ob er eine bestimmte Sache kaufen soll oder nicht. Eine andere Person rät …

tịgn tọ̈w!
kaufen AP
Kaufen Sie es! / Kauf es!

HW = Höflichkeitswort

Höflichkeitspartikel werden im gehobenen Sprachgebrauch verwendet.

ạgndjögn ạgndjögn (lexikalische Bedeutung: einladen) wird in der Rede gegenüber Personen verwendet, die Achtung und Respekt verdienen.

yiay ạgndjögn tọw na?
Großmutter HW (sich-)begeben wohin
Wohin gehen Sie?

som som (lexikalische Bedeutung: bitte) hat in bestimmten Wendungen ebenfalls die Funktion eines Höflichkeitswortes.

djah/bat som ạgndjögn.
ja(w/m) HW HW
Ja bitte. *(als Reaktion auf Verabschiedung)*

som åkụn.
HW danken
Danke schön. *(Dankesformel)*

FP = Fragepartikel

taö taö (lexikalische Bedeutung: so, also, somit) leitet eine Frage ein. Die Verwendung ist fakultativ. Im Redefluss kann eine Frage auch durch die Stimmführung oder andere lexikalische Mittel gekennzeichnet werden. Der Einsatz von taö ist jedoch empfehlenswert, da dem Gesprächspartner unmittelbar signalisiert wird: Achtung jetzt kommt eine Frage.

VP = Verstärkende Partikel

tee

tee (lexikalische Bedeutung: nein) hat die Funktion der Bekräftigung eines Sachverhaltes. Da die richtige Verwendung der Partikel ziemlich kompliziert ist, sollte sie vorläufig nur in den im Buch angegebenen Sätzen verwendet werden.

Verbot

Ein Verbot wird mit Partikel **kọm** (nicht) + Verb ausgedrückt.

kọm thåt!	Fotografiere nicht!, Fotografieren Sie nicht!
kọm djạm!	Warte nicht!, Warten Sie nicht!
kọm yook!	Nimm das nicht!, Nehmen Sie das nicht!

Achtung! Keinesfalls dürfen kọm und khậm verwechselt werden. Während kọm ein Verbot ausdrückt, beinhaltet khậm die Aufforderung, besonders viel Anstrengung auf etwas zu verwenden.

kọm thwö! *nicht tun*	Mach das nicht!
khậm thwö! *(sich-)bemühen tun*	Bemühe dich dabei!

Bindewörter

Beiordnende Bindewörter, die gleichwertige Wörter, Wortgruppen usw. verbinden:

Beiordnende Bindewörter

noẹng	**taä**	**rū**
und	aber	oder

mịt khgnọm noẹng khgnọm djặng tộw siam riab.
Freund ich und ich wollen (sich-)begeben Siam Reap
Mein Freund und ich wollen nach Siam Reap fahren.

mhob tschngạgn taä khgnọm tschaät haöy.
Essen schmecken aber ich satt schon
Das Essen schmeckt, aber ich bin schon satt.

Bindewörter, die Nebensätze einleiten

tha	dass
pruah	weil
daömbey	um zu
baö	wenn (Bedingung)
kal-na *(Zeit-wann)*	wenn (zeitl.)
tuah-bey	obwohl, trotz

koat prạb khgnọm tha koat mook saäk.
er/sie sagen ich dass er/sie kommen morgen
Er/sie sagt mir, dass er/sie morgen kommt.

khgnọm tộw mẹn ban tee pruah khgnọm tschū.
ich (sich-)begeben nicht möglich(-sein) nein weil ich krank
Ich kann nicht hingehen, weil ich krank bin.

bezügliches Fürwort (Relativpronomen)

Das allgemeine bezügliche Fürwort (Relativpronomen) daäl kann „der, die, das; welcher, welche, welches; wer, was“ bedeuten. Es leitet Nebensätze ein und verweist auf ein unmittelbar vor ihm stehendes Satzglied.

nịh djia mịt khgnọm daäl rian nọ̈w ạlömạ̊ng.
diese sein Freund ich der lernen in Deutschland
Das ist mein Freund, der in Deutschland lernt.

Fragesätze

Man unterscheidet wie im Deutschen zwischen Ergänzungsfragen, auf die man mit einem vollständigen Satz antwortet, und Entscheidungsfragen, bei denen als Antwort „ja“ oder „nein“ erwartet wird.

Ergänzungsfragen

peel-na?	*Zeit-welche*	wann?
awey?		was?
haät-awey?	*Grund-was*	warum?
neak-na?	*Person-welche*	wer?
yang-mẹdj?	*Art-wie*	wie?
pọnman?		wie viel?
nọ̈w-aäna?	*(sich-)befinden-wo*	wo?
mook-pii-na?	*kommen-von-wo*	woher?
tọ̈w-na?	*sich begeben-wo*	wohin?

Fragesätze

Fragewörter können am Anfang oder Ende der Frage stehen. Die normale Satzgliedfolge S-P-O ändert sich dabei nicht.

neak djẹgn dạmnaö peel-na?
Sie weggehen Reise Zeit-wann
Wann reisen Sie ab?

look thwö awey?
Herr machen was
Was machen Sie?

haät-awey neak mẹn mook?
Grund-was Sie nicht kommen
Warum sind Sie nicht gekommen?

nịh djia awey?
diese sein was
Was ist das?

neak-na totual-khọh-trọw röång nịh?
Person-welche übernehmen-falsch-richtig Angelegenheit diese
Wer ist dafür verantwortlich?

kee gnạm yang-mẹdj?
man essen Art-wie
Wie isst man das?

Entscheidungsfragen

Um von vornherein klar zu machen, dass es sich um eine Frage handelt, kann die Frage mit der Fragepartikel (FP) taö eingeleitet werden.

Entscheidungsfragen weisen ebenfalls wie Aussagesätze die Satzgliedfolge S-P-O auf. An das Satzende tritt rū tee (oder nein) worauf eine Antwort mit Ja oder Nein erwartet wird.

FP	S	P	O	FP
taö	**neak**	**skoal**	**thavy**	**rū tee?**
FP	*Sie*	*kennen*	*Thavy*	*oder nein*
Kennen Sie Thavy?				

In der Antwort wird ein Teil der Frage, nämlich das Verb, wiederholt:

djah/bat skoal.	**tee mẹn skoal tee.**
ja(w/m) kennen	*nein nicht kennen nein*
Ja.	Nein.

Zahlen & Zählen

Machen Sie sich zunächst mit den Khmer-Ziffern vertraut:

Besonders in den Städten sind aber auch die arabischen Ziffern bekannt.

០	១	២	៣	៤	៥	៦	៧	៨	៩
0	1	2	3	4	5	6	7	8	9

Grundzahlen

0	**son**	5	**prạm**
1	**muay**	6	**prạm-muay**
2	**pii**	7	**prạm-pii**
3	**bey**	8	**prạm-bey**
4	**buan**	9	**prạm-buan**

Ist man beim Zählen bei 5 angelangt, bildet 5 für die Zahlen 6-9 die Grundlage und es wird jeweils 1, 2, 3 oder 4 hinzugezählt. Also: 6 = „fünf-eins" (prạm-muay), 7 = „fünf-zwei" (prạm-pii). Die Namen der Zehner lassen sich nicht von den Namen der Zahlen 1-9 ableiten.

10	**dạb**	40	**saäsẹb**
11	**dạb-muay**	50	**hasẹb**
12	**dạb-pii**	60	**họksẹb**
13	**dạb-bey**	70	**djẹtsẹb**
20	**moophey**	80	**paätsẹb**
30	**samsẹb**	90	**kạwsẹb**

100	**muay-rooy**	100.000	**muay-saän**
1.000	**muay-poan**	1.000.000	**muay-lian**
10.000	**muay-mön**		

Ab 11 aufwärts gilt nebenstehendes Prinzip.

11	**dạb-muay**	*zehn-eins*
12	**dạb-pii**	*zehn-zwei*
19	**dạb-prạm-buan**	*zehn-fünf-vier*

Die Zahl 1962 wird z. B. so gelesen:

1000	900	60	2
muay-poa	**prạm-buan-rooy**	**họksẹb**	**pii**
eins-tausend	*fünf-vier-hundert*	*sechzig*	*zwei*

Verwendet man für 7 das umgangssprachliche prạmpịl, gewinnt man besonders auf dem Markt viel Sympathie. In der Umgangssprache wird bei den Zahlen 11-19 der Einer zuerst genannt und dạndạb angefügt. Wer das drauf hat, gilt als absoluter Insider!

11	**muay-dạndạb**	16	**prạm-muay-dạndạb**
12	**pii-dạndạb**	17	**prạm-pịl-dạndạb**
13	**bey-dạndạb**	18	**prạm-bey-dạndạb**
14	**buan-dạndạb**	19	**prạm-buan-dạndạb**
15	**prạm-dạndạb**		

Ordnungszahlen

tii-muay	**tii-pii**	**tii-buon-rooy**
Stelle-eins	*Stelle-zwei*	*Stelle-vierhundert*
der/die/das 1.	der 2.	der 400.

Ordnungszahlen werden durch Voranstellen des Wortes tii *(Ort, Stelle) gebildet.*

einmal, zweimal

„Einmal, zweimal" mit dem entsprechenden Zahlwort und dem Wort dăng (mal) gebildet, z. B. muay-dång (einmal), in der Umgangssprache auch: mdång; pii-dång (zweimal), họksẹb-dång (sechzigmal) usw.

Maße

miiliimaät	Millimeter
sạngtiimaät	Zentimeter
maät	Meter
kiilomaät	Kilometer
maätkaree	Quadratmeter
hẹkta	Hektar
kiilomaätkaree	Quadratkilometer
sạngtiimaätkiib	Kubikzentimeter
maätkiib	Kubikmeter
kram	Gramm
kiilokram	Kilogramm
liit	Liter

Die heute üblichen Längen-, Flächen- und Raummaße und ihre Bezeichnungen wurden dem Französischen entlehnt und haben weitgehend die traditionellen Maßeinheiten ersetzt.

Die Kambodschaner verkürzen kiilomaät und kiilokram zu kiilo. Zu den gebräuchlichen traditionellen Maßeinheiten gehören:

1 **tộk** = 10 cm	1 **khạm** = 100 gr

Kategoriewörter

Das Khmer hat wie auch eine Reihe anderer asiatischer Sprachen zahlreiche Kategoriewörter (KW), sozusagen Zähleinheiten, die benutzt werden, wenn Mengen anzugeben sind. Die Kategoriewörter stehen nach dem bestimmten oder unbestimmten Zahlwort.

neak *Person* Person
kbal *Kopf* Tiere, Bücher
dọm *Stück* Gemüse (Kohl, Salat), Kuchen, Steine
kröång *Zubehör* Geräte, Werkzeuge, Fahrzeuge
sạmrạb *Paar* Schuhe, Kleidung (von 1 Hemd und 1 Hose)
djan *Teller* Portion Essen
bạdj *Strauß* Blumen, Kräuter
djạmnẹt *Scheibe* Brot, Wurst, Obst
khnång *Rücken* Häuser
daöm *Stange* Zigarette, Blume, Bäume
kroab *Kern* Edelsteine, Munition, Tabletten
ång *Körper* Mönche, Könige
phlaä *Frucht* Obst, Angelhaken

nụm muay dọm
Kuchen eins Stück
ein Stück Kuchen

nụm djraön dọm
Kuchen viel Stück
viele Stücke Kuchen

soẹh bey neak
Schüler drei Person
drei Schüler

kråbey prạm kbal
Wasserbüffel fünf Kopf
fünf Wasserbüffel

sạmlå pii djan
Suppe zwei Teller
zwei Teller Suppe

yụnhậh muay kröång
Flugzeug eins Zubehör
ein Flugzeug

Uhrzeit, Zeit & Datum

Die einfachste Frage nach der Uhrzeit ist ...

maong pọnman?
Stunde wieviel
Wie spät (ist es)?

wịniatii	**niatii**	**maong**
Sekunde	Minute	Stunde

taö eylộw nịh maong pọnman haöy?
FP jetzt diese Stunde wieviel schon
Wie spät ist es jetzt? (höflichere Frage)

maong prạm-bey *Stunde fünf-drei*	8 Uhr
maong prạm-bey dậb *Stunde fünf-drei zehn*	8.10 Uhr
maong prạm-bey samsẹb *Stunde fünf-drei dreißig*	8.30 Uhr
maong pii-kậnlạh *Stunde zwei-halb*	halb drei Uhr

Man gibt die volle Stunde an und zählt die Minuten dazu. Eine halbe Stunde kann auch mit kậnlạh *(halb) ausgedrückt werden.*

Uhrzeit, Zeit & Datum

In der Regel zählt man bis mittags 12 Uhr und beginnt dann wieder mit 1 Uhr, 2 Uhr bis nachts 12 Uhr. In den Medien und offiziellen Ämtern wird allerdings mit 13 Uhr, 14 Uhr bis 24 Uhr weitergezählt.

Erkundigt man sich auf dem Lande nach der Uhrzeit, wird der Angesprochene sicher erst einmal den Stand der Sonne feststellen und dann antworten:

maong pråhaäl prạm-buan haöy.
Stunde ungefähr fünf-vier schon
Ungefähr um neun.

maong djịt prạm-buan haöy.
Stunde nah fünf-vier schon
Bald um neun.

maong prạm-buan djiang haöy.
Stunde fünf-vier mehr schon
Schon nach neun.

Zeitangaben

thngai nịh *Tag dieser*	heute
eylộw nịh *jetzt dieser*	jetzt
atoẹt nịh *Woche dieser*	diese Woche
msẹl mẹgn	gestern
msẹl mngai	vorgestern
ṡaäk	morgen

khan-ṡaäk *auslassen morgen*	übermorgen
pii thgnai mụn *zwei Tag vor*	vor zwei Tagen
tschnạm mụn *Jahr vor*	letztes/voriges Jahr
thmey thmey nịh *neu neu dieser*	vor kurzem, neulich
thngai muay *Tag eins*	eines Tages (Vergangenheit)
pii mụn *von vor*	damals, früher
peel kraoy *Zeit nächste*	später
kraoy mook *nächste kommen*	danach
thngai na muay *Tag irgendein eins*	eines Tages
bey thngai kraoy mook *drei Tag hinter kommen*	nach drei Tagen
roal thngai *jede Tag*	täglich
roal atoẹt *jede Woche*	wöchentlich
pii atoẹt mdång *zwei Woche einmal*	vierzehntägig
treymiah	Vierteljahr, Quartal
tschåmiah	Halbjahr, Semester
djuankal	manchmal
djianịdj	immer
muay rooyeak *eins Augenblick*	eine Zeit lang

proẹk	Morgen, Vormittag
prooloẹm	Morgengrauen
thngai-trạng *Sonne-gerade*	Mittag
thngai-roosial *Tag-Nachmittag*	Nachmittag
yụb	Abend, nachts
atriat	Mitternacht

thngai	Tag
atoẹt, sạbada	Woche
khaä	Monat
tschnạm	Jahr
kal-pạritschaät	Datum

Wochentage

Die Bezeichnungen der Wochentage setzen sich aus dem Wort thngai (Tag) und einem Sternennamen zusammen:

thngai-djạn	*Tag-Mond*	Montag
thngai-ạngkia	*Tag-Mars*	Dienstag
thngai-pụt	*Tag-Merkur*	Mittwoch
thngai-prohoah	*Tag-Jupiter*	Donnerstag
thngai-sọk	*Tag-Venus*	Freitag
thngai-sạw	*Tag-Saturn*	Sonnabend
thngai-atoẹt	*Tag-Sonne*	Sonntag

Im Folgenden wird die deutsche Bezeichnung für den Wochentag in der Wort-für-Wort-Übersetzung genannt.

Monatsnamen

mạkạra	Januar	**kạkạda**	Juli
kọmpheak	Februar	**seyha**	August
mịnia	März	**kạgṅgna**	September
meesa	April	**tọla**	Oktober
ụsạphia	Mai	**wịtschẹka**	November
mịthọna	Juni	**thnu**	Dezember

Datum

Das Datum wird wie im Deutschen mit der Ordnungszahl gebildet.

thngai tii-bey khaä meesa tschnạm muay-poan-prạm-buanrooy-kạwsẹb
Tag Stelle-drei Monat März Jahr eins-tausend-fünf-vier-hundert-neunzig
3. März 1990

Will man „am 3. März" ausdrücken, dann wird vor die Datumsangabe das Wort nọ̈w gesetzt.

Der Garten des Königspalastes von Phnom Penh

Kurz-Knigge

Eigentlich müsste man hierüber ein ganzes Buch schreiben und nicht nur eins. In diesem Abschnitt können wir aber nur einige wichtige Regeln angeben, die ein Ausländer in Kambodscha beherzigen sollte. Man kann als Ausländer eigentlich fast alles tun und wird dafür noch Beifall ernten. Aber dann bleibt man eben immer Ausländer und wird den Kambodschanern nie näher kommen. Die zu berücksichtigenden Grundregeln sind gar nicht so weit von deutschen „Benimmregeln" entfernt und erfordern keine Selbstaufgabe.

Die **Grundregel** lautet: bescheidenes und freundliches Auftreten und seinem Gegenüber stets Achtung entgegenbringen.

Achtung genießen in hohem Maße ältere Menschen. Man bezeugt seinem Gegenüber in erster Linie Achtung, indem man ihn grüßt, seinen Gruß erwidert und auf die Fragen: Woher kommen Sie?, Wohin gehen Sie? antwortet.

Die **Begrüßung** erfolgt durch Aneinanderlegen der Handflächen etwa in Höhe zwischen Brust und Kinn. Der Blick wird dabei nach unten gerichtet und der Oberkörper leicht nach vorn gebeugt.

Betritt man ein kambodschanisches Haus oder eine Pagode, zieht man an der Tür die **Schuhe** aus und geht barfuß oder auf

Strümpfen hinein. Die Schuhe bleiben an der Tür stehen.

Lautes Sprechen, Schreien und Fluchen gilt als sehr unhöflich. Kambodschaner mögen ruhige, zurückhaltende Menschen.

Der **Kopf** gilt als heilig. Daher wird der Kopf anderer Personen in der Regel nicht berührt.

Zärtlichkeiten zwischen den Geschlechtern werden nicht in der Öffentlichkeit ausgetauscht. Es ist hingegen normal, wenn zwei Frauen oder zwei Männer Arm in Arm durch die Straßen gehen oder eng aneinandergelehnt sitzen.

Auch in Kambodscha geht man mit der **Mode,** jedoch mit der kambodschanischen! Zu beachten gilt lediglich, dass man Frauen nicht gern in kurzen Hosen und in zu knappen Oberteilen sieht. Nackt baden ist überhaupt nicht üblich, dann schon eher in Unterwäsche.

Die Kambodschaner sind zum größten Teil Buddhisten. Man begegnet häufig **Mönchen** im Straßenbild. Mönche dürfen Frauen nicht berühren. Wenn man an buddhistischen Festen teilnimmt, ist es üblich, eine Spende in Form von Nahrungsmitteln oder Geld für die Mönche zu geben. Geld gibt man den Mönchen nicht direkt, sondern den sie begleitenden Personen.

Körpersprache

Wie bei vielen anderen Völkern ist bei den Kambodschanern **Kopfnicken** Ausdruck der Zustimmung und **Kopfschütteln** Ausdruck der Ablehnung.

Jemand wird **herbeigerufen**, indem man den Arm hebt und die ausgestreckte Hand mit der Handfläche nach unten mehrmals von oben nach unten (zum Körper hin) bewegt. Wird die Hand von unten nach oben (vom Körper weg) bewegt, bedeutet das: Geh! Hau ab! Weg hier!

Spricht man über eine Person, die sich in der Nähe befindet, so richtet man den Blick einen kurzen Moment auf diese Person, wobei die Lippen etwas gespitzt werden, und sagt nịh (der, die, diese/r) oder nụh (der, die, jene/r) bei etwas größerer Entfernung.

Es ist sehr unhöflich, **mit dem Finger** auf eine in der Nähe befindliche Person zu **zeigen**. Andererseits ist es ganz normal, auf Personen in der Ferne, Tiere oder Sachen zu zeigen.

Übrigens, jemandem einen **Vogel zeigen**, wie man das in Deutschland manchmal erlebt, verfehlt völlig seine Wirkung, da man das in Kambodscha nicht kennt.

Jemandem **zuzwinkern** wird allerdings auch in Kambodscha als Geste der Annäherung verstanden.

Anrede

Im Gegensatz zu den Gewohnheiten in deutschen Breitengraden kann man in Kambodscha seinen Gesprächspartner im Zweifelsfall ruhig etwas älter machen, da Alter mit Respekt verbunden ist und man sich daher geehrt fühlt.

Die Kambodschaner legen im Allgemeinen großen Wert auf die Anrede. Eine wohlformulierte Anrede öffnet so manches sonst verschlossene Türchen. Man sollte sich also gut überlegen, wie man jemanden anspricht. Es gilt immer, drei Dinge zu berücksichtigen: Alter, soziale Stellung, Geschlecht.

Außerdem haben sich auf Grund des europäischen Einflusses Unterschiede bei der Anrede in der Stadt und auf dem Lande herausgebildet. Während man in Phnom Penh gern die Anrede neak-srey (Frau) bzw. look (Herr) benutzt, würde man darüber auf dem Lande lächeln. Dort, aber auch unter Bekannten und Freunden in der Stadt, benutzt man Verwandtschaftsbezeichnungen zur Anrede.

neak *Person*
„Sie" für Unbekannte und sich nicht nahestehende Personen beiderlei Geschlechts; in Stadt u. Land gebräuchlich

neak-srey *Person-Frau*
„Frau", „Sie", höflich und offiziell; nur in der Stadt gebräuchlich

look-srey *Sie-Frau*
„Frau", „Sie", höflich und offiziell; nur in der Stadt gebräuchlich

look *Herr*
„Herr", „Sie", höflich und offiziell; in der Stadt gebräuchlich

Verwandtschaftsbezeichnungen

bång *älteres Geschwister*
für weibl. und männl. Personen, die etwa gleichaltrig oder etwas älter sind; Ehefrau zu Ehemann

bång-prọh *älteres Geschwister-Mann*
für männl. Personen, die etwa gleichaltrig oder etwas älter sind

bång-srey *älteres Geschwister-Frau*
für weibl. Personen, die etwa gleichaltrig oder etwas älter sind

ƥon *jüngeres Geschwister*
für weibliche und männliche Personen, die bedeutend jünger sind

ƥon-prọh *jüng. Geschwister-Mann*
für männliche Personen, die bedeutend jünger sind

ƥon-srey *jüngeres Geschwister-Frau*
für weibliche Personen, die bedeutend jünger sind

on *jüngeres Geschwister*
wie ƥon, aber vertrauter; Ehemann zu Ehefrau

pu *jüngerer Bruder eines Elternteils*
für bedeutend ältere männliche Personen, die jünger als die eigenen Eltern sind

miing *jüngere Schwester eines Elternteils*
für bedeutend ältere weibl. Personen, die jünger als die eigenen Eltern sind

ọm *älteres Geschwister eines Elternteils*
für bedeutend ältere weibl. und männl. Personen, die älter als die eigenen Eltern sind

Wundern Sie sich nicht, wenn junge Mädchen etwa gleichaltrige junge Männer mit pu *(Onkel) anreden. Das ist Ausdruck einer gewissen Schamhaftigkeit und soll gleichzeitig eventuellen Missverständnissen vorbeugen, da* bång *(älterer Bruder) auch zur Anrede des Ehemanns bzw. Geliebten verwendet wird.*

ọm-prọh *älteres Geschwister v. Elternteil-Mann*
für bedeutend ältere männl. Personen, die älter als die Eltern sind

ọm-srey *älteres Geschwister v. Elternteil-Frau*
für bedeutend ältere weibl. Personen, die älter als die Eltern sind

ta *Großvater*
für einen Mann ab ca. 60 Jahre

yiay *Großmutter*
für eine Frau ab ca. 60 Jahre

åt-tooh look-yiay phlọ̈w-na tọ̈w woat-phnụm?
entschuldigen Sie-Großmutter Weg-welcher führen Vat Phnum
Entschuldigen Sie, welcher Weg führt zum Vat Phnum?

tọ̈w-na bång?
(sich-)begeben-wo (älteres-)Geschwister
Wohin gehst du?

on gnạm ey?
(jüngeres-)Geschwister essen was
Was willst du essen?

Besonders auf dem Lande wird es als sehr höflich empfunden, wenn man alte Menschen mit look-ta („Sie-Großvater") bzw. look-yiay („Sie-Großmutter") anspricht.

Unter guten Bekannten wird auch häufig nur der Vorname zur Anrede verwendet.

Bei offiziellen Anlässen ist die Anrede Herr/Frau + Nach- und Vorname (z. B. look/look-srey Sun Thavy) üblich. In Kambodscha steht der Familienname immer an erster Stelle und der Vorname demzufolge an zweiter.

Begrüßen & Verabschieden

Die am meisten gebrauchte Begrüßungsformel lautet:

djụmriab-sua
mitteilen-fragen
Guten Tag!

Mit einem Smartphone können Sie sich die mit einem gekennzeichneten Sätze dieses Kapitels anhören. Scannen Sie einfach den QR-Code mit Hilfe einer kostenlosen App (z. B. „Barcoo" oder „Scanlife").

djụmriab-sua kann zu jeder Tageszeit, ähnlich dem deutschen „Guten Morgen!", „Guten Tag!" usw., gebraucht werden. Zwar gibt es die speziellen Grußformeln für einzelne Tageszeiten, sie sind aber ungebräuchlich. Man verwendet djụmriab-sua insbesondere bei der Begrüßung älterer, höhergestellter, weniger gut bekannter Menschen und in Ämtern.

Unter Freunden begrüßt man sich mit suasdey (Wohlergehen), was dem englischen „Hallo" entspricht und in den Städten bei Männern häufig mit Händeschütteln begleitet wird. Unter oder mit Frauen ist Händeschütteln nicht üblich.

Bei der Begrüßung werden die Hände etwa in Höhe der Lippen zusammengelegt und der Kopf wird etwas gesenkt. Die Erwiderung des Grußes erfolgt auf dieselbe Art.

Kinder werden nicht begrüßt. In der Regel sind kambodschanische Kinder so erzogen, dass sie einen Gast der Eltern begrüßen. Man kann diesen Gruß, ohne dass dabei die Hände zusammengelegt werden, erwidern.

mẹdj on sọk-sabbay tee?
wie (jüngeres-)Geschwister Wohlbefinden-Freude nein
Na, wie gehts? (Frage an ein Kind)

Trifft man sich auf der Straße, dann tritt an Stelle der Begrüßungsformel die Frage „Wohin gehen Sie?". Die Antwort kann sehr allgemein gehalten sein, denn niemand will Sie kontrollieren.

ạgndjögn tộw na?
HW (sich-)begeben wohin
Wohin gehen Sie?
(an Höhergestellte)

tộw na?
(sich-)begeben wohin
Wohin?
(an Freunde)

khgnọm tộw thwö-ka.
ich (sich-)begeben machen-Arbeit
Ich gehe arbeiten.

khgnọm tộw phsa.
ich (sich-)begeben Markt
Ich gehe zum Markt.

khgnọm daö-leeng.
ich gehen-spielen
Ich gehe spazieren.

khgnọm tộw aänụh båntẹdj.
ich (sich-)begeben dorthin ein bisschen
Ich gehe mal dorthin. (Dabei zeigt man in die entsprechende Richtung.)

Bei all diesen Antworten lässt man in der Umgangssprache khgnọm (ich) gerne weg, denn es ist ja ganz klar, um wen es sich handelt.

Hat man noch ein bisschen Zeit, fragt man sich gegenseitig nach dem Wohlbefinden:

mẹdj sọk-sabbay tee hey?
wie Wohlbefinden-Freude nein oder
Na, wie gehts? (Frage an Freunde)

taö look sọk-sabbay tee rū?
FP Herr Wohlbefinden-Freude nein oder
Wie geht es Ihnen? (Frage an Höhergestellte)

bat khgnọm sọk-sabbay tee.
ja ich Wohlbefinden-Freude VP
Danke, gut. (mögl. Antw. an Höhergestellte)

sọk-sabbay tee. / ảl ey tee.
Wohlbefinden-Freude VP / kein was nein
Gut. / Keine Probleme. Alles o.k.
(Antworten an Freunde)

Bekanntmachen

neak tschmuah ey?
Sie Name welcher
Wie heißen Sie?

neak ayụ pọnman?
Sie Alter wieviel
Wie alt sind Sie?

Richtig vorgestellt wird einem meist nur jemand bei offiziellen Gelegenheiten. Ansonsten fragt man den Unbekannten direkt, woher er kommt, was er so treibt, wie er heißt usw.

Falls Sie einmal das Vergnügen haben, jemanden vorstellen zu dürfen, können Sie das folgendermaßen tun:

khgnọm som bånghagn aoy skoal:
ich bitten zeigen damit kennen
Darf ich Ihnen vorstellen:

nịh kū look müller. koat djia wịswạkå ạllömạng.
diese sein Herr Müller er sein Ingenieur deutsch
Das ist Herr Müller. Er ist ein deutscher Ingenieur.

Verwandte & Bekannte

djii-ta	Großvater
djii-don	Großmutter
ọ̈w-pụk	Vater
mday	Mutter
bång-pon-djii-doon-muay	Cousin, Cousine
khmuay	Neffe, Nichte
djạw	Enkel, Enkelin
pdey	Ehemann
pråpụn	Ehefrau
kon-pråsa	Schwiegersohn, -tochter
djạw-pråsa	Schwiegerenkel, -enkelin
mịtpheak, puakmak (U)	Freund
neak-djịt-dịt	Vertrauter

Weiterhin gibt es noch den Bekannten (neak-skoal-knia), den Nachbarn (neak-djịt-khang) oder eine Person aus demselben Dorf (neak-phum-djiamuay).

Verabschiedung

Die Verabschiedung erfolgt oft kurz und schmerzlos. Man teilt seinem Gesprächspartner oder Gastgeber mit, dass man jetzt geht und verabschiedet sich.

khgnọm koẹt tọ̈w wịgn haöy.
ich denken (sich-)begeben zurück schon
Ich denke, ich gehe jetzt.

lia sẹn haöy!
Verabschieden zunächst schon
Auf Wiedersehen!

khgnọm som djụmriab-lia sẹn haöy.
ich bitten sagen-verabschieden zunächst schon
Ich möchte mich jetzt verabschieden. *(höflich)*

Die Antwort des Gesprächspartners lautet wahrscheinlich djah/bat som ạgndjögn. *(ja(w/m) bitte HW)* „Ja, bitte." Mit folgendem Satz könnte er versuchen, Sie zurückzuhalten: yii haat-awey neak-srey/-look prågnạb mlẹh? *(oh Grund-welcher Sie-Frau/Herr (sich-)beeilen so)* „Oh, warum haben Sie es so eilig?". Antworten kann man dann z. B. mit yụb nạh haöy. *(Nacht sehr schon)* „Es ist schon sehr spät (am Abend)." oder khgnọm mian ka båntẹdj. *(ich haben Arbeit ein bisschen)* „Ich muss noch was erledigen."

Wenn der Gastgeber Sie symphatisch findet und Sie gern wieder bei sich begrüßen möchte, wird er sagen:

som ạgndjögn mook-leeng baö neak-srey/-look tụmnee.
bitte HW kommen-spielen wenn Sie-Frau/-Herr frei
Bitte besuchen Sie mich/uns wieder, wenn Sie (Frau/Mann) Zeit haben.

Darauf könnte man antworten mit djah/bat djam tụmnee khgnọm mook-leeng tiat. *(ja(w/m) warten frei ich kommen-spielen wieder)* „Ja, wenn ich Zeit habe, besuche ich Sie wieder."

Einladung & Verabredung

Mit einem Smartphone können Sie sich die mit einem 🔊 gekennzeichneten Sätze dieses Kapitels anhören.

Da die Kambodschaner sehr gastfreundlich und kontaktfreudig sind, werden Sie sicherlich häufig eingeladen.

Werden Sie in ein Restaurant eingeladen, dann bestehen Sie nicht starrköpfig darauf, Ihren Anteil aus eigener Tasche zu bezahlen. Schlägt Ihr erster Versuch in dieser Richtung fehl, belassen Sie es dabei und revanchieren Sie sich ein andermal. Es ist üblich, dass im Restaurant einer für alle zahlt, nämlich der Einladende. Wer es sich nicht leisten kann, lädt nicht ein!

Einladung

Treffen Sie möglichst konkrete Absprachen hinsichtlich der Uhrzeit und wiederholen Sie sie eindringlich, denn mit der Uhrzeit nimmt man's ja bekanntlicherweise mancherorts nicht so genau.

🔊 **khgnọm som ạgndjögn neak tọ̈w-leeng phteah khgnọm.**
ich bitten einladen Sie (sich-)begeben-spielen Haus ich
Ich möchte Sie einladen, uns zu besuchen.

🔊 **tọ̈w-leeng phteah khgnọm mdång!**
(sich-)begeben-spielen Haus ich einmal
Besuchen Sie mich mal!

🔊 **tọ̈w gnạm ey djiamuay khgnọm tee?**
(sich-)begeben essen was mit ich nein
Gehen Sie etwas essen mit mir?

Verabredung

Unter Freunden sagt man einfach:

tọ̈w. oder: **tọ̈w kå tọ̈w.**
Ja, ich komme mit. (etwa:) Warum nicht?

aoy khgnọm tọ̈w phteah neak thngai na?
erlauben ich (sich-)begeben Haus Sie Tag welcher
Wann kann ich Sie besuchen?

tọ̈w lngiadj thngai-sạw.
(sich-)begeben Nachmittag Sonnabend
Kommen Sie am Sonnabend Nachmittag.

yöng djuab knia peel-na? kạ̊nlaäng na?
wir treffen einander Zeit-welche Ort welcher
Wann treffen wir uns? Wo?

djuab saäk proẹk maong prạm-pii nọ̈w phteah khgnọm.
treffen morgen früh Stunde fünf-zwei (sich-)befinden Haus ich
Treffen wir uns morgen früh um 7 Uhr bei mir zu Hause.

Sehr förmlich ist folgende Variante der Annahme einer Einladung: som åkụn. *(HW danken)* „Danke schön". oder khgnọm riikriay daoy mian lataphiap noẹng skoal ... *(ich freuen indem haben Möglichkeit HZZ kennen)* „Ich freue mich über die Möglichkeit, ... kennen zu lernen."

Ablehnung der Einladung

atoẹt nịh khgnọm tộw mẹn ban tee.
Woche diese ich (sich-)begeben nicht möglich sein nein
Ich kann dieser Woche nicht hingehen/ kommen.

eylộw nịh khgnọm roowụl nạh.
jetzt diese ich beschäftigt(-sein) sehr
Ich bin im Moment sehr beschäftigt.

Vielleicht wollen Sie auch noch einen der nächsten beiden Sätze anbringen: yöng djuab knia atoẹt kraoy ban rū tee? *(wir treffen einander Woche hinter möglich(-sein) oder nein)* „Können wir uns nächste Woche treffen?" oder yöng djuab knia peel kraoy tiat. *(wir treffen uns Zeit hinter noch)* „Wir treffen uns ein andermal wieder."

©www.planetphoto.ch@Fotolia.com

Auf dem Fluss

Bitten, Danken, Wünsche aussprechen

Hier nur einige Wendungen, da zum Thema „Bitten" schon etwas im Grammatikteil unter „Partikel" gesagt wurde.

bitten

khgnọm sọm khmạw-dai muay phleät ban tee?
ich bitten schwarz-Hand eins Moment möglich(-sein) nein
Kann ich bitte den Bleistift einen Moment haben?

som ạgndjögn ångkụy.
bitte HW (sich-)setzen
Bitte, setzen Sie sich.

som neak bịt dånghạl båntẹdj.
bitte Sie ausmachen Ventilator ein bisschen
Bitte, machen Sie den Ventilator aus.

danken

„Danke" heißt åkụn. Möchte man das bekräftigen, sagt man:

åkụn djraön.
danken viel
Vielen Dank.

som åkụn.
HW danken
Danke schön.

Bitten, Danken, Wünsche aussprechen

Wenn man etwas geschenkt bekommt, ist es im Khmer nicht so geläufig, so zu danken: „Ich danke Ihnen für ... „ oder „Es gefällt mir sehr gut.“ Stattdessen lobt man nach dem schlichten åkụn die Eigenschaften des Geschenks oder betont, dass man ausgerechnet den betreffenden Gegenstand schon lange sucht und leider nicht gefunden hat.

Kroma ist ein vielseitig verwendbares Baumwoll- oder Seidentuch.

krâma nịh lå nạh.
Kroma diese gut sehr
Dieser Kroma ist sehr schön.

poa wia ṡat nạh.
Farbe es hübsch sehr
Er hat eine sehr schöne Farbe.

krâma ạgndjoẹng khgnọm rook yu haöy.
Kroma so ich suchen lange schon
So einen Kroma suche ich schon lange.

Als Antwort auf einen Dank sagt man nicht „Bitte“ oder „Bitte schön“. Am besten, man lächelt freundlich. Das ist immer gut.

Wünsche aussprechen

Man „wünscht“ und „gratuliert“ sich in Kambodscha nicht zu so vielen Anlässen, wie hierzulande. Man wünscht sich beispielweise nicht: „Schönes Wochenende! Erholsamen Urlaub! Frohe Ostern / Weihnachten usw.! Alles Gute!“

som djun poo aoy ban djookdjẹy.
bitten geben Wunsch damit möglich(-sein) Erfolg
Ich wünsche Ihnen viel Erfolg.

sọkpiap!
Gesundheit
Zum Wohl!
(beim Anstoßen)

sbaöy!
Genesen
Gesundheit!
(beim Niesen)

Wünsche können Sie anbringen, wenn jemand vor einer Prüfung, oder einer anderen schwierigen Situation steht.

som ągndjögn pịsa!
bitte HW essen
Guten Appetit! *(bei Tisch)*

Es ist nicht üblich, auf den Wunsch „Gesundheit!“ mit „Danke!“ bzw. bei „Guten Appetit!“ mit „Danke, gleichfalls!“ zu antworten. Man gibt seinem Gegenüber ein Lächeln zurück.

som nộw aoy ban sọk-sạbbay!
bitten (sich-)befinden damit möglich(-sein) Wohlbefinden-Freude
Lass es dir gut gehen! bzw. Lassen Sie es sich gut gehen! *(Verabschiedung für längere Zeit)*

djun poo sẹreysuasdey knọng tschnạm thmey.
Geben Wunsch Wohlergehen in Jahr neu
Alles Gute zum neuen Jahr. *(zum Neujahrsfest)*

som djun poo aoy djuab taä sọpheakmụngkụl.
bitten geben Wunsch lassen treffen nur Glück
Ich wünsche Ihnen/euch ein glückliches Leben. *(zur Hochzeit)*

gratulieren

So lautet meist eine offizielle Gratulation.

khgnọm som åbåsatoo djåmpuah (djookdjẹy ...).
ich bitten gratulieren für (Erfolg ...)
Ich gratuliere Ihnen zu (dem Erfolg ...).

Die einfachen Leute machen das anders. Sie „gratulieren“ nicht, sondern loben und bewundern die hervorragenden Fähigkeiten desjenigen, der etwas Schwieriges geschafft hat.

Und so bringt man seine Mitfreude zum Ausdruck:

pukaä meän! *fähig wirklich*	Du bist/Sie sind wirklich gut!
khlang meän! *stark wirklich*	Du bist/Sie sind wirklich stark!
tschlat meän! *klug wirklich*	Du bist/Sie sind wirklich klug!
heeng meän! *Glück wirklich*	Du hast/Sie haben wirklich Glück!

Wozu man sich nicht gratuliert: zum Geburtstag (Geburtstag und Hochzeitstag werden in Kambodscha nicht gefeiert) und zum „freudigen Ereignis“ (man lobt statt dessen das Kind).

Redewendungen

Das Khmer kennt unzählige Redewendungen. Sehr gerne bringt man einen kleinen Scherz oder eine lustige Redewendung an.

Sollte sich bei einer Begegnung einmal peinliche Stille einstellen, dann locken Sie Ihren kambodschanischen Partner aus der Reserve, indem Sie die Bemerkung machen:

sngạt dodj djao luadj sẹh.
ruhig wie Dieb stehlen Pferd
Es ist so ruhig wie beim Pferde stehlen.

Sie sitzen in einer größeren Runde und stehen auf, weil Sie mal auf die Toilette müssen. Da fragt Sie jemand, wohin Sie gehen und sieht Sie erwartungsvoll an. Sagen Sie ganz locker:

dậh tụk dậh toal
befreien(-sich) Sorge befreien(-sich) Ausweglosigkeit
sich von Sorge und Not befreien

... und alle werden lachen.

Sollten Sie mal in die Verlegenheit kommen, einer Rede oder einem Vortrag beizuwohnen und es fragt Sie jemand, ob Sie alles verstehen, Sie verstehen aber absolut nichts, dann sagen Sie:

dodj baök radio aoy koo sdạb.
wie anmachen Radio für Rind hören
Es ist, als ob man einem Rind das Radio anstellt.

Wenn sich Ihr Gastgeber für sein enges und ärmliches Haus entschuldigt, sagen Sie:

su djångiat phteah kọm-aoy djångiat djẹt.
ertragen eng Haus vermeiden eng Herz
Ein enges Haus macht nichts. Hauptsache, man hat kein enges Herz.

Hat man mal etwas verpasst, dann ist es ...

huah haöy djiat nịh!
zu spät schon Leben dieses
Zu spät in diesem Leben.

djạm djiat kraoy djåh!
warten Leben nächstes AP
Warte bis zum nächsten Leben!

Wenn Sie sich einmal geirrt haben ....

dåmrey djöng buan kụng mian phloat.
Elefant Bein vier haben verrenken
Selbst ein vierbeiniger Elefant verrenkt sich mal ein Bein. (= Jeder kann sich mal irren.)

neak-pradj djẹh stoat kụng mian phlẹdj.
Gelehrter können perfekt haben vergessen
Selbst ein Gelehrter, der alles weiß, vergisst mal was.

Unter Kambodschanern sind Wortspiele sehr beliebt. Häufig werden z. B. in Wendungen die Selbstlaute vertauscht. Für einen Anfänger ist das natürlich eine Nummer zu groß. Zwei Ausdrücke kann man sich aber merken. Bei der Begrüßung sagt man statt: sọk-sabbay – say sabbọk. Statt tộw-na (Wohin?) fragt man: ta nộw? Das heißt dann: „Ist der Opa zu Hause?"

Unterwegs

Nicht nur für Reisen ins Innere des Landes ist es wichtig, die Bezeichnung der Himmelsrichtungen gut zu kennen.

Himmelsrichtungen

Fragt man in Phnom Penh jemanden, wo er wohnt, bekommt man beispielsweise zur Antwort **khang-kaöt phsa thmey** (östlich von Phsar Thmey) oder **khang-djöng phsa orūssey** (nördlich von Phsar Orussey). Die beiden Orte sind Märkte in Phnom Penh.

khang-djöng	*Seite-Fuß**	Norden
khang-kaöt	*Seite-aufgehen***	Osten
khang-tbong	*Seite-Kopf**	Süden
khang-lịdj	*Seite-untergehen***	Westen

*Ursprünglich die Richtung, in die die Füße bzw. der Kopf beim Schlafen gerichtet wurden Man legt den Kopf nicht gern in Richtung Westen, da man sagt, dass nur Tote so bestattet werden

**Gemeint ist Auf- u. Untergehen der Sonne

Zur Bildung der Zwischenrichtungen wird das Wort **tschiang** (gegen) eingeschoben.

khang-djöng-tschiang-khang-khaöt
Seite-Norden-gegen-Seite-Osten
Nordosten

einige Reise- & Ausflugsziele

tiikrọng	Stadt
råtthianii	Hauptstadt
khaät	Provinz, Bezirk
srọk	Kreis
khụm	administrative Einheit, kleiner als Kreis u. größer als phum, Gemeinde
phum	kleinste administrative Einheit, entspricht Dorf
sångkạt	Stadtbezirk
sarạmuntii	Museum
sarạmuntii-djiat	Nationalmuseum
weang	Palast
woat	Kloster
woat phnụm	Vath Phnom, ein altes Kloster in Phnom Penh
prasat	Tempel
prasat-ångkoo	Tempel von Angkor
roong-lkhaon	Theater
roong-kọn	Kino
stat-olạmpịk	Olympiastadion in Phnom Penh
roong-djạk	Industriebetrieb
kåmpụng-phaä	Hafen
wial-yụnhåh	Flughafen
sala-rian	Schule
sakålwịthyialay	Universität
phsa djạh	Phsar Chah (ein alter Markt in Phnom Penh)

... mit öffentlichen Verkehrsmitteln

Eine Fahrt mit einheimischen Verkehrsmitteln ist fast immer ein Abenteuer. Bei Antritt der Fahrt sollte man gute Laune und Zeit mitbringen. Das gilt insbesondere für Reisen außerhalb der Hauptstadt.

In Phnom Penh und einigen anderen größeren Städten sind, soweit man nicht das eigene Fahrzeug (Fahrrad, Moped, Auto) benutzt, **siiklo** (Cyclo) und **moto-dụb** (Motorradtaxi) die verbreitetsten Fortbewegungsmittel. Hinter **dụb** verbirgt sich das französisches Wort „double" (doppelt, zweifach), was hier besagen will, dass die Fahrer noch eine zweite Person auf dem Rücksitz mitnehmen.

Auf längeren Strecken verkehren auch **lậmbröta** (kleine Linienbusse) und so genannte **römåk** (von französisch „remorquer" = ziehen, schleppen), Fahrräder und Motorräder mit zweirädrigen Anhängern für 2-6 Personen, die man jederzeit anhalten kann. Auf die Frage: „Wie komme ich nach ...?" weiß in Kambodscha keiner so recht zu antworten. Man fragt besser danach, mit was für einem Fahrzeug man zu einem gewünschten Ort gelangen kann oder welcher Weg dahin führt.

baö khgnọm djặng tọ̈w kaäb taö khgnọm trọ̈w djịh awey?
wenn ich wollen begeben(-sich) Kep FP ich müssen fahren was
Womit (mit welchem Verkehrsmittel) kann ich nach Kep fahren?

phlọ̈w na tọ̈w ặngkoo?
Weg welcher führen Angkor
Welcher Weg führt nach Angkor?

... mit dem Cyclo

Wenn man nach einem Cyclo ruft, macht man eine winkende Handbewegung, und zwar wie in Asien üblich: die Hand nach unten zum Körper hin bewegend.

siiklo! siiklo!
Cyclo Cyclo

tọw phsa thmey yook pọnman?
(sich-)begeben Phsar Thmey nehmen wieviel
Wie viel nehmen Sie bis zum Phsar Thmey?
(„Neuer Markt“, große Markthalle in Phnom Penh)

moophey ban haöy!
zwanzig reichen schon
20 sind auch genug!

tọw ạgndjoẹng.
(sich-)begeben also
Also gut, fahren wir.

som theak löån båntẹdj.
bitte treten schnell ein bisschen
Fahren Sie bitte etwas schneller.

som theak yūt yūt.
bitte treten langsam langsam
Fahren Sie bitte langsam.

som tschụb trặng nịh (nụh).
bitte anhalten gerade hier (dort)
Bitte halten Sie hier (dort).

neak djạm khgnọm båntẹdj ban tee?
Sie warten ich ein bisschen möglich(-sein) nein
Können Sie auf mich warten?

baö djạm neak yook thaäm pọnman?
wenn warten Sie nehmen zusätzlich wieviel
Wie viel nehmen Sie für das Warten?

... mit Kleinbus, Ruderbootfähre usw.

Man bezahlt nach dem Einsteigen. Natürlich muss man angeben, bis wohin man fahren möchte.

Bei Bussen und Booten gibt es feste Tarife. Ansonsten muss der Fahrpreis vor Fahrtbeginn ausgehandelt werden.

khgnọm tọ̈w trọ̈m kbal thnå̦l.
ich (sich-)begeben bis Kbal Thnal
Ich fahre bis Kbal Thnal.

... mit Überlandbus, Zug, Boot

In der Umgangssprache wird für Bus und Auto das Wort lan benutzt. Das Ticket muss man sich vorher am Schalter besorgen. Fahrpläne gibt es nicht. Daher muss man alles an Ort und Stelle klären.

kå̦nlaäng-luak-så̦mbọt-lan-tschnual nọ̈w-aäna?
Ort-verkaufen-Ticket-Auto-Gebühr (sich-)befinden-wo
Wo ist der Schalter für Bustickets?

khgnọm trọ̈wka så̦mbọt-lan muay tọ̈w kå̦mpoot.
ich brauchen Ticket-Auto eins wegbewegen Kampot
Ich brauche ein Busticket nach Kampot.

lan djẹgn maong pọnman?
Auto abfahren Stunde wieviel
Wann fährt der Bus ab?

Nach dem Bahnhof und nach Zugfahrkarten fragt man genauso.

sthanii-rooteh-phlöng *Station-Wagen-Feuer*	Bahnhof
rooteh-phlöng *Wagen-Feuer*	Zug
tu-rooteh-phlöng *Schrank-Wagen-Feuer*	Waggon
såmbot-rooteh-phlöng *Ticket-Wagen-Feuer*	Zugfahrkarte
kånlaäng-luak-såmbot *Ort-verkaufen-Ticket*	Kartenschalter

... mit eigenem Fahrzeug

In einigen größeren Städten besteht die Möglichkeit, sich ein Fahrzeug zu mieten. Reparaturwerkstätten für Autos konzentrieren sich hauptsächlich in den Städten. Ebenso die Tankstellen.

Tanken

Kleinere Mengen Benzin kann man am Straßenrand in 1-Liter-Flaschen Coca-Cola kaufen.

hang-sang nöw-aäna?
Geschäft-Benzin (sich-)befinden-wo
Wo ist eine Tankstelle?

som djak sang (masut) dåb liit.
bitte einfüllen Benzin (Diesel) zehn Liter
Tanken Sie bitte 10 Liter Benzin (Diesel).

ponman rial?
wieviel Riel
Wie viel macht das?

Panne

lan roobậh khgnọm mẹn tschẹh.
Auto von ich nicht brennen
Mein Auto springt nicht an.

lan khgnọm khodj.
Auto ich kaputt(-sein)
Ich habe eine Panne.

som pạh kậng phång.
bitte flicken Reifen AP
Bitte flicken Sie den Reifen.

som sậb kậng phång.
bitte pumpen Reifen AP
Bitte pumpen Sie Luft auf.

lan khgnọm khodj ...
Auto ich kaputt(-sein)
An meinem Auto ist ... kaputt.

ậmbraja	Kupplung
kabiiratör	Vergaser
deemarör	Anlasser
frang	Bremse
masiin	Motor
radiatör	Kühler
snậb sậmrạb bom sạng *Pumpe für pumpen Benzin*	Benzinpumpe
akụy	Batterie
bobiin	Zündspule
busii	Zündkerze

Unfall (kruahthnąk)

khgnọm mian kruahthnąk lan.
ich haben Unfall Auto
Ich habe einen Autounfall.

som såndaong lan khgnọm tộw kånlaäng-djuahdjụl phang!
bitte schleppen Auto ich wegbewegen Ort-reparieren
Bitte schleppen Sie mein Auto zur Werkstatt!

som hạw polịh phang!
bitte rufen Polizei AP
Bitte rufen Sie die Polizei!

taö neak mian roobuah rū tee?
FP Sie haben Verletzung oder nein
Sind Sie verletzt?

nützliche Vokabeln

Fahrzeuge

rụth-yụn *Wagen-Maschine*	Auto
lan-tschnual *Auto-Gebühr*	Bus (in die Provinz)
moto-dụb *Motorrad-zweifach*	Motorradtaxi
kång-dụb *Fahrrad-zweifach*	Fahrradtaxi
tuk-då *Ruderboot-verbinden*	Ruderbootfähre

låmbröta	Kleinbus
yụn-hậh	Flugzeug
Maschine-fliegen	
kạpạl-hậh (U)	Flugzeug
Schiff-fliegen	
rụth-phlöng	Eisenbahn
Wagen-Feuer	
moto	Motorrad
kậng	Fahrrad

Fahren

bå	fahren, führen (Kfz)
baök	fahren, führen (Kfz)
djịh	(mit-)fahren (Auto, Bus, Schiff), fliegen
rụgn	schieben
sậndaong	schleppen
ọh	ziehen

Fahrzeugführer & Mitfahrer

neak-baök-lan	Autofahrer
Person-fahren-Auto	
neak-baök-moto	Motorradfahrer
Person-fahren-Motorrad	
neak-kậng-dụb	Fahrradtaxifahrer
Person-Fahrrad-zweifach	
neak-siiklo	Rikschafahrer
Person-Rikscha	
neak-römåk	Fahrer eines Zweirads mit Anhänger
neak-tukdå	Fährmann
Person-fahren-Ruderbootfähre	
neak-baök-kanot	Fahrer eines Motor-
Person-fahren-Motorboot	bootes

neak-baök-yụnhậh *Person-fahren-Flugzeug*	Pilot
pru	Begleitpersonal (Bus, Schiff)
neak-dậmnaö *Person-Reise*	Reisender, Passagier
neak-djịh(-lan) *Person-fahren*	Passagier (im Auto)
teesdjå	Tourist

Straßen

wịthey	Boulevard
moohawịthey	Boulevard (hochsprachlich)
rụkh-wịthey	Allee
phlộw todj	kleine Straße
phlộw thọm	große Straße
phlộw trậng	gerade Straße
phlộw-kạwsu	asphaltierte Straße, Chaussee
phlộw-dey	nichtasphaltierte Straße
phlộw-lụm	Pfad
phlöng-stop	Ampel
sạgṅgna-djåradjå	Verkehrsschilder
bậngkool-kiilomaä	Kilometerstein

Übernachten

In Phnom Penh und einigen wenigen touristisch erschlossenen Orten stellt die Übernachtung überhaupt kein Problem dar. Dort gibt es Hotels mit Bad, Klimaanlage und Zimmerservice. Sobald man jedoch von den „ausgetretenen Pfaden" abweicht, sollte man keine großen Erwartungen mehr hegen. Ein Schlafplätzchen findet sich jedoch immer – entweder privat bei einer Familie oder im Kloster. Das wird sicherlich kein Einzelzimmer sein, denn die traditionellen Holzhäuser der Khmer bestehen meist nur aus einem oder zwei großen Räumen, die durch Vorhänge oder andere „Raumteiler" voneinander abgegrenzt sind.

Mit einem Smartphone können Sie sich die mit einem 𝓈 gekennzeichneten Sätze dieses Kapitels anhören.

khgnọm sọm sẳmnak nọ̈w phteah neak muay yụb ban tee?
ich bitten (sich-)aufhalten in Haus Sie eine Nacht möglich(-sein) nein
Kann ich bei Ihnen übernachten?

khgnọm tröwka bẳntụb muay sẳmrạb moonụh mneak.
ich brauchen Zimmer eins für Mensch (eine-)Person
Ich brauche ein Zimmer für eine Person.

look/neak djẳng djual pọnman thgnai?
Sie möchten mieten wieviel Tag
Für wie viele Tage möchten Sie mieten?

Achten Sie unbedingt auf das Vorhandensein eines Moskitonetzes. In jedem Fall ist es angebracht, sich mit einem Geschenk bei der Familie, bei der man übernachten durfte, erkenntlich zu zeigen.

khgnọm djång snạk-nọ̈w bey thngai.
ich möchten bleiben drei Tage
Ich möchte drei Tage bleiben.

bảntụb nịh thlai pọnman?
Zimmer diese Preis wieviel
Wie teuer ist das Zimmer?

neak mian bảntụb todj/thọm djiang nịh rū tee?
Sie haben Zimmer klein/groß mehr-als diese oder nein
Haben Sie ein kleineres/größeres Zimmer als dieses?

taö mian neak baok khao-aw rū tee?
FP haben Person waschen Hose-Hemd oder nein
Gibt es jemanden, der die Kleidung wäscht?

taö baok aw/khao muay yook pọnman?
FP waschen Hemd/Hose eins nehmen wie viel
Wie viel nimmt man für das Waschen eines Hemdes / einer Hose?

khgnọm yook bảntụb nịh.
ich nehmen Zimmer diese
Ich nehme dieses Zimmer.

nützliche Vokabeln

phteah-djual	Mietshaus
sala-sảmnạk	Sala (Unterkunft)
phgniaw	Gast

mdjạh-phteah	Hausbesitzer, Gastgeber
neak-djual-phteah-kee *Person-mieten-Haus-man*	Mieter
neak-djual-phteah-aoy-kee *Person-vermieten-Haus-für-man*	Vermieter

Zimmerausstattung

khgnọm trộwka ... tiat.
ich benötigen ... noch
Ich benötige ... noch

kreä-tschö	Holzbett
kreä-puk	Bett mit Matratze
puk	Matratze
kåmral-puk	Bettlaken
khnaöy	Kopfkissen
khnaöy-aob	Schlummerrolle
phuay	Decke
mụng	Moskitonetz
weangnoon	Vorhang
kånteel	Matte
ångroẹng	Hängematte
djångkiang	Lampe
dångkiang-preengkat	Petroleumlampe
tian	Kerze
pịl	Taschenlampe
thub-mụh	Räucherstäbchen gegen Moskitos
radio	Radioapparat
turtuah	Fernsehapparat
kaöey	Stuhl

tọk	Tisch
tu	Schrank
tu-khao-aw *Schrank-Hose-Hemd*	Kleiderschrank
båntụb-sạmran *Zimmer-schlafen*	Schlafzimmer
båntụb-salong	Wohnzimmer
djụndaö	Treppe
dånghạl	Ventilator
masiin-trådjeak *Gerät-kühl*	Klimaanlage
tu-toẹk-kåk *Schrank-Wasser-gefroren*	Kühlschrank
phlẹt	Fächer
phtẹl	Wasserschöpfgefäß
piang-toẹk *Fass-Wasser*	Wasserfass
thụng-toẹk *Eimer-Wasser*	Wassereimer
thunng-såmram *Eimer-Müll*	Mülleimer
sabu	Seife
thnạm-dọh-thmịgn *Medikament-putzen-Zahne*	Zahnpasta
kråma	Kroma (Baumwolltuch)

Handlungen

såmat	sauber machen
riab båntụb	Zimmer vorbereiten
djång mụng	Moskitonetz aufspannen
ngoongụy	schläfrig, müde sein

sąmran	schlafen (höfl. für andere Personen)
keeng	schlafen (allgemein)
keeng-luak	einschlafen
baök dąnghąl	Ventilator einschalten
baök phlöng	Licht einschalten
dọt	anzünden
dọt djąngkiang	Petroleumlampe anzünden
bąk phlẹt	fächeln
kuah thwia	an die Tür klopfen
baök thwia	Tür öffnen
bịt	schließen
bịt bąnguadj	Fenster schließen
bịt phlöng	Licht ausmachen

Essen & Trinken

Wer asiatische Küche mag, wird in Kambodscha nicht hungern. Die kambodschanische Küche zeichnet sich durch eine große Vielfalt aus. Neben Khmer-Gerichten gibt es Gerichte thailändischer, chinesischer, vietnamesischer, indischer, malaiischer und europäischer Herkunft.

Es gibt drei Hauptmahlzeiten (morgens, mittags, abends), die zu Hause im Kreise der Familie eingenommen werden. Viele Angestellte in der Stadt frühstücken aber auch gern in einer der unzähligen Garküchen oder,

Wenn man es sich irgendwie leisten kann, gibt es mindestens ein „trockenes" und ein „flüssiges" Gericht, d. h. etwas Gebratenes und eine Suppe. Beides steht auf dem Tisch, und man nimmt sich davon im Wechsel.

wenn es der Geldbeutel erlaubt, im Restaurant. Morgens isst man eine Nudelsuppe kụytiaw oder eine Reissuppe bå bå. Fast zu jeder Mahlzeit gibt es Reis.

Man isst mit Löffel (rechte Hand) und schiebt sich die Portion mit der Gabel (linke Hand) auf den Löffel. Messer sind nicht notwendig, da alles mundgerecht geschnitten ist. Nudelgerichte werden mit Stäbchen gegessen. In der Familie nimmt sich jeder mit seinem Besteck das Gewünschte vom großen Teller in der Mitte. In Restaurants wird dafür ein Servierbesteck beigelegt.

Die Kambodschaner essen Gemüse gerne roh (Achtung: Amöbengefahr!) oder nur kurz überbrüht oder angebraten. Knochen werden meist neben den Teller gelegt oder unter den Tisch geworfen.

Zur Zubereitung der typischen Khmergerichte werden Fischpasten, pråhọk oder pḥåk verwendet. Das ist nicht jedermanns Sache, wofür die Kambodschaner auch Verständnis haben. Wenn man aber die Khmer-Küche kennen lernen möchte, dann sollte man das unbedingt einmal probieren. Oft wird man gefragt:

djẹh gnạm pråhọk?
können essen Prahok
Können Sie Prahok essen?

djẹh.
können
Ja.

mẹn djẹh tee.
nicht können nein
Nein.

auf dem Markt oder am Straßenrand

neak mhob/nụm nịh tschmuah ey?
Sie Gericht/Kuchen diese Namen welche
Wie heißt dieses Gericht / dieser Kuchen)?

dạk loot-tscha muay djan.
füllen Lot-tscha ein Teller
Geben Sie mir einmal Lot-tscha.

toẹk-ḁmpọ̈w muay kaäw.
Wasser-Zuckerrohr ein Glas
Ein Glas Zuckerrohrsaft.

Zwischen den Mahlzeiten wird sehr viel genascht. Das wird einem sehr leicht gemacht, da an jeder Ecke irgendetwas verkauft wird (gebratene Bananen, Kuchen, Früchte usw.).

im Restaurant

Den Kellner ruft man, indem man ihm ein Handzeichen gibt oder mit dem Löffel an ein Glas klopft.

ạgndjögn yook mhob ey?
HW nehmen Gericht welche
Welches Gericht nehmen Sie?

kụytiaw pii djan.
Kuitieu zwei Teller
Zweimal Kuitieu (chinesische Nudelsuppe).

ạgndjögn yook ey tiat?
HW nehmen was noch
Was wünschen Sie außerdem?

yook sậndaäk-bậndọh srậh rū srọh?
nehmen Bohnen-Keimling roh oder überbrüht
Nehmen Sie Sojakeimlinge roh oder überbrüht?

kafee-khmạw ật skå pii kaäw.
Kaffee-schwarz kein Zucker zwei Glas
Zwei Tassen schwarzen Kaffee ohne Zucker.

koẹt lụy!
rechnen Geld
Die Rechnung, bitte!

Es ist üblich, ein Trinkgeld zu geben.

som thwö bậngkạn-dai aoy khgnọm muay.
bitte machen halten(-lassen)-Hand für ich eins
Bitte geben Sie mir eine Quittung.

bei Freunden oder Bekannten

daäl gnạm m̊hob-khmaä rū tee?
schon essen Gericht-Khmer oder nein
Haben Sie / Hast du schon einmal ein Khmer-Gericht gegessen?

daäl.
schon
Ja, habe ich schon einmal.

mẹn daäl tee.
nicht schon nein
Nein, noch nie.

daäl gnạm m̊hob ey?
schon essen Gericht was
Welches Gericht haben Sie / hast du schon gegessen?

tschngạgn rū tee?
schmecken oder nein
Schmeckt es?

tschngạgn nạh.
schmecken sehr
Es schmeckt sehr gut.

Statt „Guten Appetit" zu sagen fordert man einfach zum Essen auf.

tạh gnạm tọw!
los essen AP
Beginnen wir (zu essen)!

som ạgndjögn pịsa!
bitte HW essen
Bitte, essen Sie!

thaäm hay tiat!
hinzufügen Reis noch
Nehmen Sie noch Reis!

åkụn khgnọm tschaät nạh!
danken ich satt sehr
Danke, ich bin sehr satt!

mhob nịh tschgạgn nạh!
Gericht diese schmecken sehr
Dieses Gericht schmeckt sehr gut!

miing/neak pukaä thwö mhob nạh!
Tante/Sie fähig sein machen Gericht sehr
Sie können sehr gut kochen.

khgnọm sọm toẹk bạntedj tiat.
ich bitten Wasser ein bisschen noch
Ich möchte noch ein bisschen Wasser.

neak djuak barey rū tee?
Sie rauchen Zigarette oder nein
Rauchen Sie?

djuak.
rauchen
Ja.

mẹn djuak tee.
nicht rauchen nein
Nein.

nützliche Vokabeln

Geschirr
(djan-tschnạng)

tschnạng	Topf
khteah	Pfanne
pạn-taä	Teekanne
peäng	Tasse
slabpria	Löffel
såm	Gabel
kạmbẹt	Messer
djan-djạ̊ngkọ̈h	Reisschälchen
djan-sạ̊mlå	Suppenschüssel
kạmbẹt-tạngtao	Hackmesser
djan-bay	(Ess-)Teller
kạ̊msiaw	Wasserkessel
djạ̊ngkọ̈h	Stäbchen
pạn-kafee	Kaffeekanne

Koch & Kochen

djạ̊nkran-bay, phteah-bay	Küche
djọngphọ̈w	Koch
mee-djọngphọ̈w	Chefkoch
dạm bay	kochen (Reis kochen)
slå	kochen (Suppe)
tscha	braten (Pfannenrühren)
djian	braten (Fleischstück in wenig Fett)
bạ̊mpoong	frittieren
ạng	grillen
hob	essen (auf dem Lande gebräuchlich)

Geschmack
(ruahdjiat)

prai	salzig	**dju-prai**	sauer-salzig
phaäm	süß	**dju-aäm**	sauer-süß
hẹl	scharf	**dju**	sauer
sab	fad	**lwiing**	bitter

Getreide & Mehlprodukte

srö̦w	Reis (ungeschält)
ångkå	Reis (geschält)
ångkå-dåmnaöb	Klebreis (geschält)
msạw	Mehl
nụm-pạng	Brot
poot	Mais
såsai-mii	Eiernudel
såsai-kụytiaw	chinesische Nudel
såsai-nụm-bạgndjọk	kambodschanische Weißnudel
mii-sua	Glasnudel

Gemüse
(bånlaä)

tråsåk	Gurke
spẹy	Kohl
spẹy-kdaob	Weißkohl
salạt	Salat
peengpåh	Tomate
tråladj	Wachskürbis
noonoong	Schwammgurke
lpö̦w	Kürbis
tråb	Aubergine
phsẹt	Pilz
phtii	Spinat
dåmlong-tschö	Maniok

dåmloong-tschwia	Batate
såndaäk-kua	Schnurbohne
dåmlong-barạng	Kartoffel
lhong khdjey	grüne Papaya
phsẹt-djåmbaöng	Champignon
djeek khdjey	grüne Banane
tụmpeang	Bambussprossen
phka-spey	Blumenkohl
wạnsụy	Koriander

Obst
(phlaä-tschö)

sway	Mango
djeek	Banane
lhong	Papaya
krdodj	Orange
mnoah	Ananas
kuleän	Litchee
khnao	Jackfrucht
paom	Apfel
khdjey – tụm	grün, unreif – reif
djeek-poong-moan	Königsbanane
phlaä-toẹk-dạh	Milchapfel
tumpeang-bay-dju	Weintrauben
ọwloẹk	Wassermelone
lmut	Sapote
thureen	Durian
sawmaw	Rambutan
mkhụt	Mangostan
sråkial	halbreif

„Trockengericht“
= Gebratenes
(mhob-kook)

trey-båmpoong	frittierter Fisch
trey-djian	gebratener Fisch
trey-ạng	gegrillter Fisch

threy-djåmhọy	gedämpfter Fisch
bångkång-dọt	gegrillte Languste
kdam-sngao	gekochte Krabben
moan-ạng	gegrilltes Hähnchen
sạdj-koo-ạng	gegrilltes Rindfleisch
sạdj-koo-djian	gebratenes Rindfleisch
sạdj-djruk-ạng	gegrilltes Schweinefleisch
sạdj-djruk-djian	gebratenes Schweinefleisch
toẹk-djrooluak	Sauce (zum Eintauchen)
toẹk-trey-phaäm	süße Fischsauce
djruak-spey	saurer Kohl
djruak-tråsåk	saure Gurke
gnoam-sạdj-koo	Rindfleischsalat
gnoam-sạdj-moan	Hühnerfleischsalat
tscha-peengpåh	gebratenes Fleisch mit Tomate
tscha-spẹy	gebratenes Fleisch mit Kohl
tscha-tråsåk	gebratenes Fleisch mit Gurke
mii-båmpoong	frittierte Nudeln
mii-tscha	gebratene Nudeln
tscha-kröång	gebratenes Fleisch mit Zitronengras-gewürzmischung
poong-moan-djian	Spiegelei
djruak-krụb-mụk	Mixedpickles
sạdj-koo-djroonuadj	Rindfleischspieß

Fleisch & Fisch

sạdj	Fleisch
trey	Fisch
sạdj-koo	Rindfleisch
sạdj-djruk	Schweinefleisch
moan	Huhn
tia	Ente
bậngkång	Languste
bậngkia	Shrimps
kdam	Krabbe
khlạgn	Fett
preeng-tscha	Bratöl

Gewürze
(kröång)

åmbẹl	Salz
skå	Zucker
biidjeeng	Glutamat
mteeh	Chili
khgney	Ingwer
sloẹkkrey	Zitronengras
lngoo	Sesam
toẹk-siiw	Sojasauce
toẹk-trey	Fischsauce
kröång-karii	Curry
toẹk -khmẹh	Essig
mrịdj	Pfeffer
khtoẹm-så	Knoblauch
khtoẹm-kråhåm	Schalotte
khtoẹm-barạng	Zwiebel
mteeh-kråhåm	rote getrocknete Paprika
såndaäk-dey	Erdnuss
khtịh-dong	Kokoscreme
pråhọk	Prahok (Fischpaste)

„Flüssiggericht“ = Suppen (mhob-toẹk)

sạmlå	Suppe
sạmlå-mdju	saure Suppe
sạmlå-mdju-kröång	saure Suppe mit Zitronengrasgewürzmischung
sạmlå-mdju-sạdj-koo	saure Suppe mit Rindfleisch
sạmlå-khtịh	„Kokosmilch“-Suppe
sạmlå-karii	Currysuppe
sngao-spẹy	Kohlsuppe
sngao-djruak-moan	saure Suppe mit Hühnerfleisch
sngao-ngạmngộw	„Ngam Ngow“, Hühnersuppe mit eingelegter Zitrone

Süßspeisen (bạngaäm)

bạbå-sạndaäk	süße Bohnen
djeek-khtịh	Bananen mit Kokosmilch
triab	Klebreiskuchen
sạndaäk-ko	kandierte Sojabohnen
ạnsạm-djeek	Banane in Klebreis
kareem	Speiseeis
kröång-khlaäm	Knabbereien
sạndaäk-dey-bạmpoong	frittierte Erdnüsse

Getränke (pheesdjeak)

toẹk-taä	Tee
toẹk-krodj	Limonade
toẹk-krålọk	Shake
toẹk-thnaot	Palmensaft

toẹk-dong	Kokossaft
sra	Alkohol
sra-tụmpeang-bay-dju	Wein
sra-bia	Bier
toẹk-thnaot-dju	saures Palmenbier
toẹk-kåk	Eis(würfel)

Rauchen
(djuak)

barey	Zigarette
barey muay kạgndjạ̊b	eine Schachtel Zigaretten
barey-kạgndjạ̊b	Zigaretten, die in Schachteln verkauft werden
barey-mu-dai	selbstgedrehte Zigarette
khsia	Pfeife
thnạm-djuak	Tabak
tschö-kụh	Streichhölzer
daäk-kẹh	Feuerzeug
prådạb-kuah-barey	Aschenbecher

©J-F Perigois@Fotolia.com

Straßenszene aus Banlung

Einkauf

Wer gern auf Märkte geht und Freude am Feilschen hat, der ist in Kambodscha genau richtig. Auf dem Markt **(phsa)**, auf der Straße und in vielen kleinen Geschäften ist es üblich, den Preis auszuhandeln **(tå-thlai)**. In Hotels, Restaurants und in großen Geschäften gibt es jedoch feste Preise. Ein Preisangebot würde hier nur Lacher und Unverständnis hervorrufen.

Mit einem Smartphone können Sie sich die mit einem gekennzeichneten Sätze dieses Kapitels anhören.

Wer auf dem Markt nicht handelt, ist keinesfalls ein weniger gern gesehener Kunde als der, der sich aufs Feilschen versteht, denn ein gutes Geschäft lässt sich kein Verkäufer gerne entgehen.

Hier einige praktische Hinweise: Für „Neuankömmlinge" wird meist ein „Sonderpreis" gemacht. Ehe man richtig loslegt, sollte man sich an verschiedenen Stellen nach den Preisen erkundigen. Es ist wenig sinnvoll, sich an Nachbarständen zu erkundigen. Da gilt nämlich für die Händler die Devise:

Das Preisaushandeln ist ein Erlebnis ganz besonderer Art, das oft mit viel Spaß verbunden ist und der Beginn eines Gespräches über alles Mögliche sein kann. Es ist also nicht nur eine finanzielle Angelegenheit.

kdạn mook haöy! noam knia poat!
Das Reh ist gekommen! Los, fangen wir es gemeinsam!

Ertönt auf ein Preisangebot hin ein schallendes Gelächter, ist das Angebot für den Verkäufer völlig undiskutabel, d. h. viel zu niedrig. Ist er allerdings sofort einverstanden, hätte das Angebot wohl doch niedriger angesetzt werden müssen.

In der Regel sollte man nicht mehr als 4-5-mal Preisnachlass für eine Sache fordern, sonst gehört man in die Kundenkategorie: **sagn** (zäh), die niemand als Stammkunden **(mooy)** haben will. Übrigens: mooy sein bringt viele Vorteile. Man bekommt nicht nur gute Qualität, sondern kann auch sicher sein, dass 1 Kilo wirklich 1000 Gramm sind.

auf dem Markt

nọw-aäna mean luak khao-aw?
(sich-)befinden-wo haben verkaufen Hose-Hemd
Wo gibt es Kleidung?

nöw khang mụk nụh!
(sich-)befinden Seite vor dort
Da vorne!

taö neak mian aw kråla nịh leek samsẹb-prạm-bey tee?
FP Sie haben Hemd Karo diese Nummer 30-8 nein
Haben Sie dieses karierte Hemd in Größe 38?

djah/bat mian.
ja(w/m) haben
Ja. *(sagt Frau/Mann)*

kmian tee.
keine nein
Nein.

khgnọm sọm möl båntẹdj.
ich bitten sehen ein bisschen
Ich möchte mir das einmal ansehen.

aw nịh thlai pọnman?
Hemd dieses Preis wieviel
Wie viel kostet dieses Hemd?

muay-pöan-pii-rooy thlai nạh!
eins-tausend-zwei-hundert teuer sehr
1.200 ist sehr teuer!

ặt thlai tee!
nicht teuer nein
Es ist nicht teuer!

djọh thlai båntẹdj tộw!
heruntergehen Preis ein bisschen AP
Gehen Sie mit dem Preis doch ein wenig herunter!

Markt in Phnom Penh

kọm luak thlai peek!
nicht verkaufen teuer zu
Verkaufen Sie nicht so teuer!

pram-beyrooy ban haöy!
fünf-drei-hundert reichen schon
800 reicht auch!

khgnọm yook aw nịh.
ich nehmen Hemd diese
Ich nehme dieses Hemd.

som khdjậb aoy phång.
bitte einpacken für AP
Bitte packen Sie es für mich ein.

nützliche Vokabeln

neak-luak	Verkäufer
neak-djụmnuagn (U)	Händler
tob	Verkaufsstand
neak-tịgn	Käufer
hang	Geschäft, Laden
tọk-luak-barey	Zigaretten-verkaufstisch

Zahlungsmittel

krådạh-prạk	Geldschein
kạk	Geldmünze
lụy (U)	Geld
prạk	Geld (Hochsprache)
prạk-rial	Riel
prạk-dọla	Dollar

prąk-frång	Franc
prąk-mak	Mark
thlai-prąk	Kurs
prąk-öro	Euro

Farben
(poa)

khiaw	blau	**sųkola**	braun
kråhåm	rot	**löång-tụm**	orange
löång	gelb	**pråphẹh**	grau
baitång	grün	**sway**	lila
så	weiß	**phka-tschuk**	rosa
khmạw	schwarz	**tschnot**	gestreift

Schmuck
(kröång-ạlạngka)

miạh	Gold
prąk	Silber
tbong	Edelstein
pịdj	Diamant
khsaä-kå	Halskette
khsaä-kå miạh	goldene Halskette
khsaä-dai	Armband
kång	Reifen
djụgndjian	Ring
kråwịl	Ohrring
bạntaong-khsaä-kå	Kettenanhänger

Kleidung
(khao-aw)

aw-dai-weäng	langärmlige/s Bluse/Hemd
aw-dai-khley	kurzärmlige/s Bluse/Hemd
aw-pạk	Spitzenbluse
aw-phka	geblümte/s Bluse/Hemd
aw-yūt	T-Shirt

Ein Samput ist ein kambodschanischer Rock.

aw-roongia	Pullover
aw-prọh	Herrenhemd
aw-srey	Damenbluse
dai-aw	Ärmel
sarọng	Sarong
såmpụt	Samput
khao-weäng	lange Hose
khao-sliib	Slip
khao-khạwboy	Jeans
khao-wölua	Kordhose
djöng-khao	Hosenbein
khsaä-kråwạt	Gürtel
leew	Knopf
åmbåh-dee	Garn, Zwirn
mdjụl-dee	Nähnadel
mdjụl-khtoah	Sicherheitsnadel
khsaä-rut	Reißverschluss

Stoffe (krånạt)

krånạt-pạk	Spitze
krånạt-sbai	Crêpe de Chine
krånạt-tetarọng	Stoff aus synthetischer Faser
krånạt-phka	Stoff mit Blumenmuster
kotọng	Baumwolle
sot	Seide

Schuhe (sbaäk-djöng)

sbaäk-djöng-sångraäk	Sandale
sbaäk-djöng-khlub	Halbschuhe
sbaäk-djöng-spor	Turnschuhe

Kunstgegenstände

rub-kụmnu	Gemälde
rub-thmå	Figur aus Stein
rub-tschö	Holzfigur
rub-spoan	Figur aus Kupfer

Technische Geräte & Zubehör

radio	Radio
magnee	Kassettenrekorder
kasaät-thåt-sạmleeng	Tonbandkassette
nialọka	Uhr
nialẹka-dai	Armbanduhr
nialẹka-roo	Wecker
thmå-pịl	Batterie
ạmpul-phlöng	Glühbirne
ạmpul-pịl	Glühbirne für Taschenlampe
turtuah	Fernseher

Zu Gast sein

Auf Grund der schon erwähnten Gastfreundlichkeit der Kambodschaner bedarf es nicht erst jahrelanger Freundschaft, um mal nach Hause eingeladen zu werden. Häufig wird man als „nur Bekannter“ zu Familienfeiern, wie z. B. einer Hochzeit, eingeladen. Viele Kambodschaner betrachten es auch als eine große Ehre, einmal jemanden aus dem Land empfangen zu dürfen, in dem ein Verwandter studiert oder lebt – sei es auch nur der Großgroßgroßneffe.

Mit einem Smartphone können Sie sich die mit einem ❡ gekennzeichneten Sätze dieses Kapitels anhören.

Beachten Sie, dass bei Betreten des Hauses die Schuhe draußen bleiben!

Sollten Sie nicht nur einen Kurzbesuch abstatten, können Sie sich dann bei Ihrem Gastgeber ganz zwanglos bewegen. Vielleicht bietet man Ihnen einen Sarong an. Greifen Sie zu, denn zum Essen wird oft auf dem Fußboden oder auf einem kdangöå (breite Holzpritsche, auf der die ganze Familie Platz findet) eine Matte ausgerollt. Enge Röcke bzw. Hosen lassen das Ganze zu einer Tortur werden. Während Männer beim Essen den Schneidersitz bevorzugen, sitzen Frauen die Beine seitlich nach hinten angewinkelt. Wenn Gäste da sind, essen Kinder meist nicht mit den Erwachsenen zusammen.

Begrüßung & Höflichkeitsfloskeln

ạgndjögn ångkụy-leeng!
HW sitzen-spielen
Nehmen Sie bitte Platz!

mao ångkụy-leeng!
kommen sitzen-spielen
Komm, nimm Platz!

phteah khgnọm todj djångiat båntẹdj.
Haus ich klein eng ein bisschen
Mein Haus ist klein und ein wenig eng.
(häufig gebrauchte Formulierung!)

todj taä ṡat.
klein aber schön
Klein, aber schön.

Wollen Sie Ihrem Gastgeber ein Geschenk mitbringen, dann nehmen Sie am besten etwas aus Ihrem Heimatland. Früchte vom Markt tun's auch. Bei Hochzeiten, die mit sehr großem Aufwand gefeiert werden, ist es auch üblich, Geld zu schenken. Ihre Summe wird fein säuberlich in einer Liste notiert, und Sie können gewiss sein, dass Sie später einmal ein entsprechendes Gegengeschenk erhalten.

neak daäl mook kạmpụdjia mdång rū nọ̈w?
Sie schon kommen Kambodscha einmal oder noch-nicht
Waren Sie schon einmal in Kambodscha?

daäl.
schon
Ja.

mẹn daäl tee.
nicht schon nein
Nein, noch nicht.

Gespräche über Familie & Kinder

neak mian kruasa haöy rū nọ̈w?
Sie haben Familie schon oder noch-nicht
Sind Sie schon verheiratet?

bat/djah mian haöy.
ja(w/m) haben schon
Ja, habe ich. *(sagt Frau/Mann)*

mian kon pọnman neak?
haben Kind wieviel Person
Wie viele Kinder haben Sie?

mẹn toan mian tee.
nicht noch haben nein
Ich habe noch keine.

mian kon pii neak.
haben Kind zwei Person
Ich habe 2 Kinder.

Der Gast wird den Eltern bzw. Großeltern vorgestellt und es erfolgt ganz sicher die übliche Konversation über Alter, Familienstand, Anzahl der Kinder bzw. Geschwister, Beruf usw.

kon ayụ pọnman haöy?
Kind Alter wieviel schon
Wie alt sind die Kinder?

kon tii-muay ayụ prạm tschnạm.
Kind Stelle-eins Alter fünf Jahr
Das erste Kind ist fünf Jahre alt.

kon neak tschmuah ey?
Kind Sie Name was
Wie heißen Ihre Kinder?

kon tii-muay tschmuah ...
Kind Stelle-eins Name
Das erste Kind heißt ...

kon nụh prọh rū srey?
Kind jenes Mann oder Frau
Ein Junge oder ein Mädchen?

kon-srey.
Kind-Frau
Ein Mädchen.

Gespräche über Berufe

neak thwö-ka ey?
Sie machen-Arbeit was
Was arbeiten Sie?

khgnọm djia kru-bångrian.
ich sein Lehrer
Ich bin Lehrer.

djọh neak?
betreffen Sie
Und Sie?

khgnọm thwö-sraä.
ich machen-Reisfeld
Ich bin Reisbauer.

khgnọm rook-sii luak-do.
ich suchen-essen verkaufen-tauschen
Ich bin Händler.

mee-thiawii	Anwalt
kạmkå	Arbeiter
djiang-lan	Autoschlosser
djiang-sạng-phteah	Bauarbeiter
kạsẹkå	Bauer
neak-rạthka	Beamter
neak-djạmka	Chamkar-Bauer
neak-båk-praä	Dolmetscher
djiang-phlöng	Elektriker
djiang-kạng	Fahrradschlosser
neak-neesat	Fischer
djiang-miah	Goldschmied
neak-luak-do	Händler
sẹbkå	Handwerker
neak-pråwoattẹsạh	Historiker
wịswạkå	Ingenieur
neak-kasaät	Journalist
djiang-toẹk	Klempner
kru-bạngrian	Lehrer
neak-phleeng	Musiker
neak-sraä	Reisbauer
djiang-daäk	Schmied
djiang-kạt-dee	Schneider
sọh	Schüler
tiahian	Soldat
nịsẹt	Student
djiang-tschö	Tischler, Zimmermann

roobå neak kạkkåb rū tee?
Beruf Sie gut-laufen oder nein
Läuft das Geschäft gut?

bat mẹn ey tee.
ja nicht was nein
Ja, kein Problem.

mẹn sọ̈w kạkkåb tee.
nicht so gut-laufen nein
Es läuft nicht so gut.

Freizeit

neak djraön thwö ey peel-tumnee?
Sie oft machen was Zeit-frei
Womit beschäftigen Sie sich in der Freizeit?

an	lesen
an siawphọ̈w	Buch lesen
prålaomlook	Roman
lkhaon	Theater
roong-kọn *Halle-Film*	Kino
möl kọn	Film sehen
tọ̈w möl kọn	ins Kino gehen
phleeng	Musik
sdạb phleeng	Musik hören
leeng phleeng	musizieren
kröång-phleeng *Instrument-Musik*	Musikinstrument
phleeng sạmay	moderne Musik
phleeng klassik	klassische Musik
phleeng pråpẹynii	traditionelle Musik
krọm-phleeng *Gruppe-Musik*	Orchester

pịpor	Ausstellung
wakång	Urlaub
thwö-dåmnaö *machen-Reise*	reisen
bậh tậng *aufstellen Zelt*	zelten
ku	malen
thoamdjiat	Natur
teespheab	Landschaft

Sport

leeng keyla	Sport treiben
keylakå	Sportler
bạl-basket	Basketball
bạl-wolley	Volleyball
bạl-toat	Fußball
siido	Judo
ạtạpulkạm	Leichtathletik
wai-bọk	Boxen
haäl-toẹk	Schwimmen
krọm	Mannschaft
kru-bậnghạt	Trainer
kapråkuat	Wettkampf
tschneah	siegen
djạgn	verlieren
meeday	Medaille
meeday-miah	Goldmedaille
meeday-prạk	Silbermedaille
meeday-sậmrịt	Bronzemedaille

Auf dem Lande

Kambodscha ist ein ausgesprochenes Agrarland. In der landwirtschaftlichen Tätigkeit unterscheidet man den Anbau von Reis vom Anbau anderer Kulturen. Die Felder sind in Reisfelder (sraä) und andere Felder, auf denen Obst, Gemüse u. a. angebaut wird (djåmka), unterschieden.

neak-phum nịh kee dạm dåmnạm awey khlạh?
Person-Dorf dieses man anbauen Pflanzen welche einige
Was bauen die Dorfbewohner hier an?

taö neak djęgndjọm sạt awey khlạh?
FP Sie aufziehen Tier welche einige
Was für Tiere haben Sie?

taö kee djrot srow nọw khaä na?
FP man mähen Reis in Monat welcher
In welchem Monat wird der Reis geerntet?

taö neak thwö sraä muay tschnạm ban phạl pọnman?
FP Sie machen Reisfeld eins Jahr erhalten Ertrag wieviel
Wie hoch sind Ihre Reiserträge im Jahr?

neak mian sraä pọnman hẹkta?
Sie haben Reisfeld wieviel Hektar
Wie groß ist Ihr Reisfeld?

„Auf dem Lande“ befindet man sich unmittelbar, wenn man die Hauptstadt verlässt.

masiin-bom-toẹk *Gerät-pumpen-Wasser*	Wasserpumpe
ạndong-toẹk *Loch-Wasser*	Brunnen
tụmnụb	Damm
dey	Boden, Land
wial-smạw	Wiese
sraä	Reisfeld
djämka	Obstplantage, Gemüsefeld

Baumnamen

daöm-tschö	Baum
daöm-sway	Mangobaum
daöm-dong	Kokospalme
daöm-krodj	Orangenbaum
daöm-djeek	Bananenstaude
daöm-tråbaäk	Guavabaum
daöm-lhong	Papayabaum
daöm-thnaot	Zuckerpalme

Wetter

thiatakạh	Wetter
phliang	Regen
phkoo	Donner
rụnteah	Blitz
khyạl	Wind
pyụh	Sturm
poopook	Wolken
prịl	Schnee
toẹk-djụmnụn	Hochwasser
trådjeak	kalt
kdạw	warm, heiß
saöm – snguat	feucht – trocken
preah-atoẹt, thngai (U)	Sonne

Tiere

sạt	Tier
tschaä	Hund
tschma	Katze
koo	Rind, Ochse
kråbey	Wasserbüffel
sẹh	Pferd
puah mian pịh	Giftschlange
poopeä	Ziege
tọkkaä	Gecko
sråmaodj	Ameise
tia	Ente
trey	Fisch
dåmrey	Elefant
djruk	Schwein
djruk-prẹy	Wildschwein
khla	Tiger
puah	Schlange
puah-thlạn	Python
khya-dẳmrey	Skorpion
mụh	Mücke
kẳndia	Termite
moan	Huhn
kdam	Krabbe

Fotografieren

Im Allgemeinen haben Kambodschaner nichts dagegen, wenn sie fotografiert werden. Junge Mädchen schämen sich häufig und verstecken ihr Gesicht oder laufen weg. Wenig Verständnis hat man für Naturaufnahmen und Schnappschüsse in die Menge („Schade um den Film“). Kambodschaner lieben gestellte Fotos mit einer Sehenswürdigkeit oder einem Wertgegenstand (Auto, Fernseher usw.) im Hintergrund.

Und dann gibt es da noch einen Aberglauben. Es dürfen nie drei oder fünf Personen auf einem Bild sein, denn man glaubt, dass sie sich sonst nie wiedersehen würden.

som djuay thåt khgnọm muay pọh!
bitte helfen fotografieren ich eins Bild
Bitte fotografieren Sie mich mal!

khgnọm sọm thåt neak muay pọh.
ich bitten fotografieren Sie eins Bild
Ich bitte darum, Sie fotografieren zu dürfen.

nützliche Vokabeln

masiin-thåt	Fotoapparat
masiin-thåt-didjithål	Digitalkamera
flạh-djumnuay-pụnlü	Blitzgerät
kaäw-masiin-thåt	Objektiv

Fotografieren

fiil-kulor	Farbfilm
fiil-så-khmạw	Schwarz-Weiß-Film
kat-ees-dii	SD-Karte
yu-ees-bii-stiik	USB-Stick
batörii / thmå	Batterien
lịkhịt-ạnugnat-aoy-thåt	Fotoerlaubnis
liang fiil	Film entwickeln
phdịt rub-thåt	Abzüge machen
gnoognoẹm	lächeln

nộw-ääna mian luak fiil?
(sich-)befinden-wo haben verkaufen Film
Wo verkauft man Filme?

nộw-ääna mian hang-thåt-rub?
(sich-)befinden-wo haben
Geschäft-fotografieren-Bild
Wo ist ein Fotogeschäft?

som phdẹt bey sånloẹk.
bitte abziehen drei Blätter
Machen Sie bitte drei Abzüge.

peel-na khgnọm mook yook rub-thåt ban?
Zeit-welche ich kommen nehmen Bild
fotografieren möglich(-sein)
Wann kann ich die Bilder abholen?

Telefon und Internet

Handy, Internet und W-LAN (WiFi) ist fast im ganzen Land Standard. Es ist empfehlenswert sich im Land eine kambodschanische Prepaid-SIM-Karte zu kaufen.
Internetcafés gibt es im ganzen Land, Auch Skypen ist selbstverstandlich. Hotels, Gasthäuser und Restaurants bieten häufig (meist in der Lobby) günstiges oder kostenloses WiFi an.

khgnọm adj tịgn kat-turasạp-bång-prạk-djia-mụn daoy kmian turasạp nöw aäna ban?
ich können kaufen Prepaid-Karte ohne Handy wo?
Wo kann ich eine Prepaid-Karte ohne Handy kaufen?

aäng mian turasạp-dạy tee?
du haben Mobiltelefon nein?
Hast du ein Mobiltelefon?

turasạp-aäng/turasạp-neak leek pomnman?
Telefon du/ Telefon Sie Nummer wie viel?
Welche Nummer hast du / haben Sie?

asạyathan-iimaäl aäng/ asạyathan-iimeäl neak kee såse yang mẹdj?
Email-Adresse du/ Email-Adresse Sie man schreiben wie?
Welche Email-Adresse hast du / haben Sie?

nọ̈w aäna mian internet-kafee?
wo existieren Internetcafé?
Wo finde ich hier ein Internetcafé?

khgnọm djạ̊ng tschaäk internet.
Ich möchten checken (surfen) Internet.
Ich möchte im Internet surfen.

taö praö internet 30 / 60 niatii ạ̊h thlai pọnman?
FP benutzen Internet 30 / 60 Minuten kosten wie viel?
Was kosten 30 / 60 Minuten Internet?

khgnọm djạ̊ng baök-möl / phgnaö iimaäl khgnọm.
Ich möchten abrufen / versenden Emails ich.
Ich möchte meine Emails abrufen / versenden.

khgnọm adj bạ̊h-pụm nöw tii-nịh ban daä tee?
Ich können ausdrucken hier auch nein?
Kann ich hier auch ausdrucken?

kọmpjutoa keang. neak adj djuay khgnọm ban tee?
Computer abstürzen. Sie können helfen ich nein?
Der Computer ist abgestürzt. Können Sie mir helfen?

neak mian sewa-wayfay ạ̊ kịt thlai tee?
Sie haben WiFi kostenlos nein?
Haben Sie kostenloses WiFi?

khgnọm lọk-iin djol yang mẹdj ban?
Ich einloggen wie möglich?
Wie kann ich mich einloggen?

piak-sạ̊mngạt nụh sạ̊see dodj mdẹdj?
Passwort schreiben wie?
Wie lautet das Passwort?

turasạp-dai	Mobiltelefon
nịyiay turasạp	Telefonieren
kat-turasạp-bặng -prạk-djia-mụn	Prepaid-Karte
siim-kat	Sim-Karte

Geld, Bank & Co.

Die Landeswährung in Kambodscha heißt Riel. Der amerikanische Dollar wird im ganzen Land akzeptiert. Preise sind in Riel oder Dollar angegeben. Der Euro kann in größeren Städten in Riel oder Dollar gewechselt werden. In den an Thailand grenzenden Provinzen kann mit thailändischen Bath bezahlt werden. Neben den Banken bieten auch private Geldwechsler ihre Dienste an. Reiseschecks werden nur von Banken gewechselt. In den größeren Städten kann man in Hotels, Reisebüros, Souvenirshops und gehobenen Restaurants mit Kreditkarte bezahlen. Bargeld kann man mit der Kreditkarte bei Banken oder am Geldautomaten erhalten.

nộw tii- nịh mian kặnlaäng-do-lụy / thoniakia / masiin-ATM tee?
hier existieren Geldwechsler / Bank / Geldautomat ATM nein?
Gibt es hier einen Geldwechsler / eine Bank / einen Geldautomaten (ATM)?

khgnọm djặng do prạk-öro tộw djia prạk-rial / tộw djia prạk-dọlla-amerẹdj
ich möchten wechseln Geld-EUR in Geld-Riel / Geld-Dollar-Amerika.
Ich möchte Euro in Riel / US-Dollar wechseln.

khgnọm adj praö kat-ẹntian daömbey bång-thlai / dåk-yok prạk ban tee?
Ich können verwenden Kreditkarte für Bezahlen / Abheben Geld nein?
Kann ich mit dieser Kreditkarte bezahlen / Geld abheben?

Krank sein

In den Städten sprechen Ärzte Französisch und zunehmend Englisch. In entlegenen Gebieten sieht es erstens mit der medizinischen Versorgung schlecht aus, und zweitens ist die Verständigung meist nur in Khmer möglich. Daher im Folgenden einige Sprechhilfen:

nọ̈w-äӓna mian mụntiipeet?
(sich-)befinden-wo haben Krankenhaus
Wo ist ein Krankenhaus?

nọ̈w-äӓna mian peet pukaä?
(sich-)befinden-wo haben Arzt fähig
Wo ist ein guter Arzt?

som hạw peet mook pịnịt khgnọm båntẹdj!
bitte rufen Arzt kommen untersuchen ich ein bisschen
Rufen Sie bitte einen Arzt für mich!

neak-djụmngū	Kranker, Patient
kru-peet	Arzt
neak-luak-thnạm	Medikamentenverkäufer
aosọtthan, famasi (U)	Apotheke

Krank sein

neak tschū ey?
Sie schmerzen was
Was fehlt Ihnen?

phdasay	Grippe
riak	Durchfall
mual	Ruhr
roomoah	Juckreiz haben
roobeng	Tuberkulose
kuat	sich übergeben
khlụng	Lepra
krụn	Fieber
kåk	Husten, husten
gneak	zittern
krụn-puahwian	Typhus
krụn-djạgn	Malaria
kdạw khluan	Temperatur haben
wị̄l mụk	schwindelig sein
tschū kbal	Kopfschmerzen haben
asạ̊nrook	Cholera
sriawsragn	sich schlecht fühlen
krịdj	sich etw. verrenken
bạk	brechen, gebrochen
toẹng djråmọh	verstopfte Nase
kåmroomoah	Krätze

Mit einem Smartphone können Sie sich die mit einem gekennzeichneten Sätze dieses Kapitels anhören.

khgnọm tschū puah.
ich schmerzen Bauch
Ich habe Bauchschmerzen.

kå	Hals	**phneäk**	Auge
khluan	Körper	**djråmọh**	Nase
kbal	Kopf	**thpoal**	Wange

dai	Arm	**djöng**	Bein
djụngkụng	Knie	**bẹhdong**	Herz
mriam-dai	Finger	**dậh**	Brust
mriam-djöng	Zehe	**trung**	Brustkorb
djậngka	Kinn	**suat**	Lunge
thmịgn	Zahn	**puah**	Bauch
thkiam	Backenzahn	**ậndat**	Zunge
khnång	Rücken	**tschiam**	Blut
djậngkẹh	Hüfte	**sbaäk**	Haut
tschộng	Knochen		

trặng nịh tschū rū tee?
gerade hier schmerzen oder nein
Haben Sie hier Schmerzen?

tschū.
Schmerzen
Ja.

åt tschū tee.
kein Schmerzen nein
Nein, keine.

ខ្ញុំត្រូវការបង្កាន់ដៃអំពីថ្លៃព្យាបាលមួយ
សម្រាប់ក្រុមហ៊ុនធានារ៉ាប់រងរបស់ខ្ញុំ

Ich brauche für meine Versicherung eine Rechnung über die Behandlungkosten.

Ärztliche Aufforderungen	
dåk-dậnghaöm djol	einatmen
dåk-dậnghaöm djẹgn	ausatmen
dåk-dậnghaöm djol	tief einatmen

weäng-weäng	
tschụb dåk-dạnghaöm	Atem anhalten
tschụb	anhalten (Atem)
djạk thnạm	eine Spritze geben
leeb thnạm	Tablette einnehmen
dåk thmẹgn	Zahn ziehen
weah-kạt	operieren
yook tschiam	Blut abnehmen
pịnịt toẹk-mul	Urin untersuchen
pịnịt liamuak	Stuhl untersuchen

trộw tịgn thnạm nịh leeb.
müssen kaufen Medikament diese schlucken
Sie müssen folgende Medikamente kaufen und einnehmen.

thnạm-kroab	Tabletten
thnạm-dạmnạk	Tropfen
thnạm-toẹk	flüssige Medizin
thnạm-liab	Salbe

Ausrufe

Es ist vielleicht ganz hilfreich, wenn Sie die folgenden Ausrufe verstehen oder selber anwenden können.

djọm!	Mann! Mensch! (staunen)
yii ...	wie djọm
hạh?	Hä? (nicht verstehen)
hẹ!	Heh! (jmdn. rufen)

oy!	Au! Aua! (Schmerzen haben)
hooh ...	Ach so! (verstehen)
meedj?	Was? (nicht verstehen)
djuay phång!	Hilfe! (Hilferuf)

Toilette

Auf dem Lande hat jeder sein Lieblings-„Örtchen" (Büschchen). Toilettenpapier gibt es oft nur in Hotels. Man benutzt Wasser, das aus einem Fass geschöpft wird. Ein Tipp: Wenn Sie auf dem Lande sind, lassen Sie sich die Blätter des Strauches kåntrian-khaät *zeigen. Sie eignen sich hervorragend für diesen Zweck.*

Die zauberhafteste Landschaft, das interessanteste Gespräch kann uninteressant werden, wenn man „mal muss" und nicht weiß wohin. Die Grundregel lautet: Vor Verlassen des Hauses noch einmal auf den Topf gehen. Öffentliche Toiletten sind selbst in der Hauptstadt rar.

នៅឯណាមានបង្គន់ ?

nọw-ääna mian bångkụn?

(sich-)befinden-wo haben Toilette

Wo gibt es eine Toilette?

អត់ទោសអោយខ្ញុំសុំបត់ជើងបន្តិច ?

åttọh aoy khgnọm sọm bạt-djöng båntẹdj.

entschuldigen lassen ich bitten knicken-Bein ein bisschen

Verzeihung, darf ich mal Ihre Toilette benutzen?

som tschụb sẹn. khngọm tschū bạt-djöng.

bitte anhalten zunächst ich Schmerzen-haben knicken-Bein

Bitte halten Sie mal. Ich muss mal austreten.

krådạh-bångkụn	Toilettenpapier
kånthao	Nachttopf
kånlaäng-bạt-djöng	Ort, wo man sein „Geschäft erledigt“
bạt-djöng-todj	„kleines Geschäft“
bạt-djöng-thọm	„großes Geschäft“

Nichts verstanden? – Weiterlernen!

Hier sind die wichtigsten Formulierungen bei Verständnisschwierigkeiten. Im Umschlag stehen sie übrigens auch zusammen mit der Khmer-Schrift zum Daraufzeigen.

ạt-tooh khgnọm mẹn yụl tee.
entschuldigen ich nicht verstehen nein
Entschuldigung, ich habe nicht verstanden.

khgnọm mẹn yụl awey teang-ạh.
ich nicht verstehen was alle
Ich verstehe überhaupt nichts.

khgnọm yụl tẹdj tẹdj.
ich verstehen wenig wenig
Ich verstehe nur ein wenig.

taö neak adj nịyiay mdång tiat ban tee?
FP Sie können sprechen einmal noch möglich(-sein) nein
Können Sie das bitte noch einmal wiederholen?

neak tha mẹdj?
Sie sagen wie
Wie bitte?

nịh djia awey?
diese sein was
Was ist das?

som nịyiay yūt yūt bḁntẹdj.
bitte sprechen langsam langsam ein bisschen
Sprechen Sie bitte ein bisschen langsamer.

khgnọm mẹn skoal piak nịh tee.
ich nicht kennen Wort diese nein
Dieses Wort kenne ich nicht.

neak nịyiay löån peek.
Sie sprechen schnell zu
Sie sprechen zu schnell.

neak nịyiay lū tẹdj peek.
Sie sprechen laut wenig zu
Sie sprechen zu leise.

khgnọm pịbak yul kriamphiasa nạh.
ich schwer verstehen Umgangssprache sehr
Umgangssprache ist für mich schwer zu verstehen.

Weiterlernen!

roobḁh nịh djia phiasa khmaä kee tha mẹdj?
Sache diese sein Sprache Khmer man sagen wie
Wie heißt das auf Khmer?

Sollte Ihr Gesprächspartner eine Fremdsprache sprechen, dann können Sie auch fragen:

„Fisch“, kee tha mẹdj djia phiasa khmaä?
„Fisch“ man sagen wie sein Sprache Khmer
Wie heißt „Fisch“ auf Khmer?

sọm såsee piak nịh aoy khgnọm phång.
bitte schreiben diese für ich AP
Bitte, schreiben Sie mir dieses Wort auf.

Hilferufe auf Khmer

ខ្ញុំ ឈ្មោះ . . .
khgnọm tschmuah ...
ich Name
Mein Name ist ...

ខ្ញុំមកពី អាល្លឺម៉ង់ / អូទ្រីស / ស្វីស ។
khgnọm mook pii ạlömạ̊ng/otriis/swiis.
ich kommen von Deutschland/Österreich/Schweiz
Ich komme aus Deutschland/Österreich/Schweiz.

ខ្ញុំមានគ្រោះថ្នាក់ ។
khgnọm mian kruaħthnạk.
ich haben Unfall
Ich hatte einen Unfall.

ខ្ញុំឈឺ ។
khgnọm tschū.
ich krank
Ich bin krank.

ពស់ចឹកខ្ញុំ ។
puah djẹk'khgnọm.
Schlange beißen ich
Mich hat eine Schlange gebissen.

ខ្យាដំរីទិចខ្ញុំ ។
khyadåmrey'tịdj khgnọm.
Skorpion stechen ich
Mich hat ein Skorpion gestochen.

ខ្ញុំបាត់ប៉ាស្ព័រ ។
khgnọm bạt pạspor.
ich verlieren Pass
Ich habe meinen Pass verloren.

សូមជួយខ្ញុំផង !
som djuay khgnọm phång!
bitte helfen ich AP
Helfen Sie mir bitte!

សូមហៅ ពេទ្យ / ប៉ូលីស មកជាប្រញាប់ !
som hạw peet/polịh mook djia prågnạb!
bitte rufen Arzt/Polizei herbewegen eilig
Bitte holen Sie schnell einen Arzt/die Polizei!

សូមនាំខ្ញុំ ទៅពេទ្យ / ប៉ូលីស ជាបន្ទាន់ !
som noam khgnọm tộw peet/polịh djia båntoan!
bitte bringen ich herbewegen Arzt/Polizei eilig
Bitte bringen Sie mich schnell zum Arzt/zur Polizei!

ខ្ញុំសុំអ្វីហូប / ទឹកបន្តិច !
khgnọm sọm awey hob/toẹk bån̊tẹdj!
ich bitten etwas essen/trinken ein bisschen
Bitte geben Sie mir etwas zu trinken/essen!

ផ្លូវណាទៅ . . . ?
phlọ̈w na tọ̈w ...?
Straße welche wegbewegen
Welcher Weg führt nach ...?

នៅឯណាមានពេទ្យ ?
nọ̈w-aäna mian peet?
(sich-)befinden-wo haben Arzt
Wo ist ein Arzt?

នៅឯណាមានកន្លែងតេលេហ្វូន ?
nọ̈w-aäna mian kån̊laäng-telefon?
(sich-)befinden-wo haben Ort-Telefon
Wo kann ich telefonieren?

សូមអ្នកអោយដំណឹងដល់ស្ថានទូតអាល្លឺម៉ង់ផង !
som neak aoy dån̊mnoẹng dån̊l sthantut ạlömån̊g phång!
bitte Sie geben Nachricht bis Botschaft Deutschland AP
Bitte benachrichtigen Sie die deutsche Botschaft!

Literaturhinweise

Es gibt nur wenige Lehrbücher für Khmer. Wer weiterhin bei einer Umschrift bleiben will, dem empfehlen wir:

Huffman, Franklin E.: **Modern Spoken Cambodian.** Ithaca, New York 1970 (415 S.).

Wer auch die Khmer-Schrift erlernen will, dem empfehlen wir:

Huffman, Franklin E.: **Cambodian system of writing and beginning reader.** Ithaca, New York 1970 (365 S.).

Sacher/Phan: **Lehrbuch des Khmer.** Enzyklopädie Leipzig 1985 (211 S.).

Sacher/Götze/Phan: **Aufbaukurs Khmer.** Enzyklopädie Leipzig 1990 (243 S.).

Wörterliste Deutsch – Khmer

Apsaratänzerin

Die Wörterlisten enthalten einen Grundwortschatz von ca. 1000 Wörtern. Vokabular, das man in den einzelnen Kapiteln nachschlagen kann, ist hier nicht immer aufgeführt. Der Anordnung der Khmer-Wörter wurde das deutsche Alphabet zugrunde gelegt. Die Reihenfolge ist: a, ä, å, b, d, dj, e, f, gn, h, i, k, kh, l, m, n, ng, o, ö, p, ph, r, s, t, th, tsch, u, ū, w, y. *Einige Buchstaben treten nicht als Anfangsbuchstaben, manche nur als Buchstabenkombination auf.*

A

aber taä
abfahren djęgn dặmnaö, djęgn
abnehmen (Hut) dậh
abtrocknen djut
abtrocknen (sich) djut khluan
abwischen djut
Abzüge machen (Foto) phdęt
Ackerbau betreiben thwö-djặmka
Alkohol sra
alle teang-ậh
Allee rụkȟwịthey
alt djạh
Alter ayụ
Ampel phlöng-stọp
an cặmpuah
anbinden djặng
Ananas mnoah
andauern, bleiben nộw
Angelegenheit röặng
anhalten, stoppen tschụb
anschauen (sich) möl
anspringen (Auto) tschęḥ
Antenne ặngtaän
Anwalt mee-thiawii
anzünden dọt
Apotheke aosọtthan
April meesa
Arbeit kặngia, ka
arbeiten thwö-ka
Arbeiter kạmạkå
arm krå
Arm dai
Armband khsaä-dai
Armbanduhr nialęka-dai
Ärmel dai-aw
Armreifen kå ng
Arzt peet, kru-peet
Aschenbecher prådạb-kuåh-barey
atmen dåk dặnghaöm
auch; AP phång
Aufnahme (Foto) pọh
aufstehen ngöb
Auge phneäk
August seyha
aushandeln (Preis) tå-thlai
außen krạw
außer, abgesehen von krạw-pii
Ausstellung pịpor
ausziehen dậh
Auto lan, rụtyụn
Autofahrer neak-baök-lan
Autoschlosser djiang-lan
Axt puthạw

B

backen dọt
Badelatschen sbaäk-djöng-phtoat
Badezimmer bảntụb-toẹk
beendet haöy
Bananen mit Kokosmilch djeek-khtịh
Bananenstaude daöm-djeek
Basketball bạl-basket
Batterie thmå-pịl
Bauarbeiter djiang-sạng-phteah
Bauch puah
Bauer kạsẹkå
Baum daöm-tschö
Baumwolle kạbbạh, kotọng
Baumwollstoff krånạt-kotọng
Beamter neak-råthka
beeilen, sich prågnạb
beendet tschụb
befinden, sich nọ̈w
begeben sich (RW weg vom Sprecher) tọ̈w
Begleitpersonal (Bus, Schiff) pru
bei nọ̈w
Bein djöng
beißen (Schlange) djẹk
Bekannte/r neak-skoal-knia
Bekleidung sạmliak-bạmpeak
bekommen ban
bemühen (sich) khạm
Benzin sạng
Berg phnụm
Beruf roobå
beschäftigt sein roowụl
Besen ạmbaoh
besuchen mook-leeng
Bett kreä
Bett mit Matratze kreä-puk
Bettlaken kạmral-puk
Bezirk khaät
Bier sra-bia
Bild rub
billig thaok
bis dạl, trọm
bitte (HW) ạgndjögn
bitten (U) sọm
bitten; bitte (vor Verben, nicht auffordernd)(HW) som
blau khiaw
bleiben snạk-nọ̈w
bleiben, wohnen (für kurze Zeit) sạmnạk
Bleistift khmạw-dai
Blitz rụnteah
Blitzgerät flạh-masiin-thåt
Bluse / Hemd aw
Blut tschiam
Boden dey
böse kadj
Botschaft (diplomat.) sthantut
braten djian, tscha
Bratöl preeng-tscha
brauchen, benötigen tröwka
braun sụkola
Breite tootoẹng
brennen tschẹh
Brief sạmbọt
Brot nụm-pạng
Bruder (kleiner) phon-prọh
Bruder/Schwester (älter) bång
Bruder/Schwester (jünger) phon
Bruder (älter) bång-prọh
Brustkorb trung
Buch siawphọ̈w
Bus (in die Provinz) lan-tschnual
Bus (Stadtbus) rụt-yụn-krọng

C

Chefkoch mee-djọngphọ̈w
Cholera asạnrook
Cousin/e bång-pon-djiidoon-muay

D

damals peel mụn
Damenbluse aw-srey
dämpfen djạmhọy
danach kraoy mook
danken, Danke schön åkụn
das (dieses) nịh
dass tha
Datum kalpạritschaät
Dauer rooyeak
davor khang-mụk
Decke phuay
denken koẹt
der, die, das (Relativpronomen) daäl
Deutschland, deutsch ạllömạng
Dezember thnu
Diamant pịdj
Diamantring djụgṅdjian-pịdj
dick thoat
Dicke kạmrạh
diese nịh
Dollar prạk-dọlla
Dolmetscher neak-båk-praä
Donner phkoo
dort aänụh, nụh, trạng-nụh
draußen khang-krạw
drehen ngiak
drinnen khang-khnọng
du aäng
dunkel (Farbe) djạh
dunkel ngoognịt
dünn schneiden hạn
durch daoy
Durchfall riak
duschen ngut-toẹk

E

eckig djrụng
Edelstein tbong
Egge roonoah
Ehefrau prạpụn
Ehemann pdey
einander knia
ein bisschen bạntẹdj
eines Tages (Vergangenheit) thngai-muay
eines Tages (Zukunft) thngai-na-muay
einfach srual
eingießen djạk
einladen ạgndjögn
einmal mdạng
einpacken khdjạb
einschalten baök
einschlafen keeng-luak
Eis toẹk-kåk
Eisen daäk
Elektriker djiang-phlöng
Elefant dạmrey
eng djạngiat
Enkel/Enkelin djạw
Ente tia
entschuldigen ạt-tooh
entwickeln (Film) liang
entzündet sein rooliak
er koat
Erde dey
Erfolg djookdjẹy
erholen sich sạmrak
erlauben aoy
essen gnạm, hob
essen (Hochsprache) pịsa
Essen djạmney
Essig toẹk-khmẹh
etwas ey

F

fächeln mit Fächer båk phlẹt
Fächer phlẹt
fad sab
fähig pukaä
fahren/gehen tọw
fahren (Kraftfahrzeug) baök, bå
Fahrer eines Motorrad- od. Fahrradanhängertaxis neak-römåk
Fahrkarte (Bus) sạmbọt-lan
Fährmann neak-tukdå
Fahrrad kạng
Fahrradschlosser djiang-kạng
falsch khọh
Familie kruasa
Farbfilm fiil-kulor

faul khdjịl
Februar kọmpheak
fegen baoh
fehlen khan
Feiertag thngai-bọn
Fenster bångụadj
FEP taö
fern tschngay
fernsehen möl turtuah
Fernsehen turtuah
fertig haöy
Fett khlạgn
feucht saöm
Feuertopf tschnạng-phlöng
Feuerzeug daäk-kẹh
Fieber haben kdạw khluan
Fieber krụn
Figur rub
Film (Spiel) kọn
Film fiil
Finger mriam-dai
Firmengebäude ạkiäkrọmhụn
Fisch trey
Fischer neak-neesat
Fischsauce toẹk-trey
flacher Teller djan-bay
Fleisch sạdj
flicken pạh
Flugkarte sạmbọt-yụnhậh
Flugzeug kạpạlhậh
Fluss tụnlee
folgend tam
Fotoapparat masiin-thåt
fotografieren thåt
Fotoladen hang-thåt-rub
fragen sua
Franc prạk-frạng
Frau srey
Frau; Sie (Anrede für Frauen) look-srey, neak-srey
Freizeit peel-tụmnee
freuen, sich riikriay
Freund mịt, mịtpheak, puakmak (U)
frisch, nicht gekocht srậh
Friseurgeschäft hang-kạt-sậk
Frist rooyeak
frittieren bạmpoong
Frucht phlaä
Früchte phlaä-tschö
früher peel mụn
Füller stiilo
für sạmrạb
für; damit aoy
für jmdn. (RW) djun
Fuß nọw
Fußball bạl-toat

G

Gabel sạm
ganz ậh
Garn, Zwirn ạmbậh-dee
Gast phgniaw
Gastgeber ṁdjạh-phteah
geben djun, aoy
gebratene Nudeln mii-tscha
Gebühr tschnual
gehen (laufen) daö
gehen/fahren tọw
gelb löång
Geld prạk, lụy (U)
Geldschein krådạh-prạk
Gemälde rub-kụmnu
Gemüse bạnlaä
Gepäck eywạn
gerade trạng
Gericht ṁhob
gerichtet sein auf baä tọw
Geschäft (Laden) hang-luak-eywạn, hang; **„sein Geschäft erledigen“** bạtdjöng
Geschmack ruahdjiat
Geschwür boh
Gesetz djbạb
Gesicht waschen lụb mụk
gestern msẹlmẹgn
gestreift tschnot
Getränke pheesdjeak
Gewinn djạmnẹgn
gewinnen tschneah
Gewürze kröång
Glas kaäw

Glasnudel mii-sua
gleich eylọ̈w
Glühbirne åmpul-phlöng
Glutamat biidjeeng
Gold miah
Goldkette khsaä-kå-miah
Goldschmied djiang-miah
Gramm kram
grau pråphẹh
grillen ạng
Grippe phdasay
groß khpuah, thọm
groß machen båtdjöng-thọm
Größe tụmhụm
Großmutter djiidon, don
Großvater djiita, ta
grün baitång
grün, unreif khdjey
Guavabaum daöm-tråbaäk
Gürtel khsaä-kråwạt
gut lå
gut (Charakter) sloot
gut gehen (jmdm.) sọk-sabbay

H

haben mian
Hackbrett djrụgn
hacken (fein) djẹgndjrạm
hacken (zerlegen) kạb
Hackmesser kạmbẹt-tạngtao
Hafen kåmpụng-phaä
halb kånlạh
Halbjahr, Semester tschåmiah
halbreif sråkial
Halbschuhe sbaäk-djöng-khlụb
Hals kå
halten kạn
Hammer gnoognua
Handel betreiben luak-do
Hand dai
Händler neak-luak-do, neak-djụmnuagn
Handwerker sẹpạkå
Hängematte ångroẹng
Hauptstadt råtthianii
Haus phteah
Hausbesitzer mdjạh-phteah
Hausschlüssel sao-phteah
Haustür thwia-phteah
Haut sbaäk
heißen tschmuah
Hektar hẹkta
helfen djuay
hell (Farbe) khdjey
hell phlū
Hemd aw
Herd djångkran
Herr look
Herrenhemd aw-prọh
Herz (im übertragenen Sinn) djẹt
heute thngai-nịh
hier noẹng, trạng-nịh
Himmel meek
hinauf (RW) laöng
hinaufbegeben, sich laöng
hinein (RW) djol
hineingehen djol
hinten khang-kraoy
hinter kraoy
hinunter (RW) djọh
hinunterbegeben, sich djọh
hinzufügen thaäm
hoch gucken ngöb mụk
hoch khpuah
Hochwasser toẹk-djụmnụn
Höhe kåmpuah
Holz tschö
Holzfigur rub-tschö
hören lū
hören (zuhören) sdạb
Hose khao
Hosenbein djöng-khao
Hüfte djångkẹh
Huhn moan
Hund tschkaä
hungrig sein khlian
Husten; husten kåk

I

ich khgnọm
ihr neak-teang-ạh
immer djianịdj
in knọng, nộw
Industriebetrieb ro-ong-djạk
Ingwer khgney
irgendein na

J

ja (für Männer) bat
ja (für Frauen) djah
Jahr tschnạm
Januar mạkạra
Jeans khao-khạwboy
jede(r/s) roal
jene nụh
jetzt eylộw
Journalist neak-kasaät
jucken roomoah
Judo siido
Juli kạkạda
jung khmeeng
Juni mịthọna

K

Kabel khsaä-phlöng
Kaffeekanne pạn-kafee
kalt trådjeak
Kambodscha kạmpụdjia
Kamm krạh-sẹt-sạk
kaputt sein khodj
kariert, Karo kråla
Karte (Fahr-) sạmbọt
Katze tschma
kaufen tịgn
Käufer neak-tịgn
kein ạt
kennen skoal
Kerze tian
Kette khsaä-kå
Kettenanhänger båntaong-khsaä-kå
Khmerspeisen m̄hob-khmaä
Khum (administrative Einheit) khụm
Kilogramm kiilokram
Kilometer kiilomaät
Kind kon
Kinn djạngka
Kino roong-kọn
Kinokarte sạmbọt-kọn
klassisch klassik
Klebreis (ungekocht) ạngkå-dạmnaöb
Kleiderschrank tu-khao-aw
Kleidung khao-aw
klein machen båtdjöng todj
klein todj
(kleine) Schwester p̄hon-srey
(kleiner) Bruder p̄hon-prọh
Klempner djiang-toẹk
Klimaanlage masiin-trådjeak
klopfen (an die Tür) kuah thwia
Knabberei kröång-khlaäm
Knie djụngkụng
Knochen tsch̄ọng
Koch djọngphộw
kochen (Suppe) slå
kochen sngao
kochen; Reis kochen dạm bay
Kokospalme daöm-dong
kommen (U) mao
kommen mook
Königsbanane djeek-poong-moan
können adj
Kopf kbal
Kopf drehen ngiak mụk
Kopfkissen khnaöy
Korb (ohne Griff, tief) kạg̃djö
Körbchen (flach) kạg̃djraägn
Kordhose khao-wölua
Körper khluan
Krabbe kdam
krank sein tschū
Krankenhaus mụntiipeet
Kranker neak-djụmngū
Krätze kåm-roomoah
Kreide dey-så

Kreis srọk
Kreuzung phlộw-bằmbaäk
Kubikmeter maät-kiib
Kubikzentimeter sằngtiimaät-kiib
Küche djằngkran-bay
Küche phteah-bay
Kuchen nụm
kugelförmig mul
Kugelschreiber bịdj
Kupfer spoan
Kurs dằmlai-prạk
kurz khley

L

lächeln gnoognoẹm
Laden hang
Lampe djằngkiang
Landschaft teespheap
Länge bằndaoy
Languste (gegrillte) bằngkằng-dọt
Languste bằngkằng
lassen djun, aoy
laufen daö
Lebensunterhalt verdienen rook-sii
lehren bằngrian
Lehrer kru-bằngrian, kru
leicht sral
Leichtathletik ạtạpụlkam
Lepra khlụng
lesen an
Licht ausmachen bịt phlöng
Licht anmachen baök phlöng
Licht pụnlū
Limonade toẹk-krodj
Linientaxi lằmbröta
links khang-tschweeng
Litchee kuloän
Liter liit
Löffel slabpria

M

machen thwö
Mais poot
Malaria krụn-djạgn
malen ku
man kee
manchmal djuankal
Mangostane ṁkhụt
Mann prọh
Mannschaft krọm
Mark prạk-mạk
Markt phsa
März mịnia
Matratze puk
Matte kằnteel
Medaille meeday
Medikamente einnehmen leeb thnạm
Medikament thnạm
Mehl msạw
mehr, mehr als djiang
Menschen moonụh
Messer kạmbẹt
Meter maät
Miete tschnual
mieten djual
Mieter neak-djual-phteah-kee
Mietshaus phteah-djual
Millimeter miiliimaät
Minute miinụt, niatii
mit djiamuay
mitfahren djịh
Mittag thngai-trằng
Mitternacht atriat
möchten djằng
Mode mot
modern sạmay, tụmnöb
möglich sein ban
Monat khaä
Morgen proẹk, ṡaäk
Morgengrauen, Dämmerung prooloẹm
Moskitonetz mụng
Motor (Auto) masiin-lan
Motor (Motorrad) masiin-moto
Motorboot kanot
Motoröl preeng-masiin
Motorrad moto
Motorradtaxi moto-dụb
müde sein ngoongụy
Mülleimer thụng-sằmram
Mund aufmachen ha moat

Mund moat
Münzen kạk
Museum sarạmụntii
Musik phleeng
Musiker neak-phleeng
Musikinstrumente kröång-phleeng
Muskel sạdj-dom
müssen tröw
Mutter mday

N

nach tam
Nachbar neak-djịt-khang
Nachmittag thngai-roosial
Nachricht dạ̊mnoẹng
Nachttopf kạ̊nthao
Nägel daäk-kool
nah djoẹt
Nähnadel mdjụl-dee
Name tschmuah
Nase djrå̊mọh
Nationalmuseum sarạmụntii-djiat
Natur thoamdjiat
Neffe/Nichte khmuay
nein tee
neu thmey
neulich thmey thmey nịh
nicht kọm, ạ̊t, mẹn ... tee
nicht haben, kein kmian
nicht (NP) mẹn
nicht so sehr mẹn sọ̈w
niedrig tiab
noch nicht mẹn toan
noch; wieder tiat
Nummer leek
nun eylọ̈w

O

oben khang-lö
Obst phlaä-tschö
Obst- u. Gemüsebauer neak-djạ̊mka
obwohl tuah-bey
Ochsenkarren rootẹh-koo
oder nicht rū tee
oder rū
oder? (FW, U) hey (= rū awey)
Ofen lå
öffnen baök
öffnen Tür baök thwia
Ohr trådjiak
Ohrringe kråwịl
Oktober tọla
Onkel (jünger als Eltern) pu
Onkel/Tante (älter als Eltern) ọm
Onkel (älter als Eltern) om-prọh
Orchester krọm-phleeng
Ort kạ̊nlaäng

P

Paar (Schuhe) sạ̊mrạb
Paddy srọ̈w
Palmsaft toẹk-thnaot
Papier krådạh
parken djåt
Pass pạspor
Passagier neak-dạ̊mnaö
Passagier (im Auto) neak-djịh (lan)
Person neak
Petroleumlampe djạ̊ngkiang-preengkat
Pfad phlọ̈w-lụm
Pfanne khteah
Pfeife khsia
Pferdewagen rootẹh-sẹh
Pflug neangkoal
Python puah-thlạn
Pilot neak-baök-yụnhạ̊h
Plantage, Gemüsefeld djạ̊mka
Platz kạ̊nlaäng
Polizei polịh
Postkarte katpọstạl
Preis nachlassen djọh thlai
Preis thlai
Provinz khaät

Pullover aw-roongia
putzen djut

Q

Quadratkilometer kiilomaätkaree
Quadratmeter maät-karee

R

Rachen bạmpụng-kå
Radio radio
Ratan phdạw
rauchen djuak, gnạm barey
Räucherstäbchen gegen Mücken thub-mụh
rechnen koẹt
Rechnung fertig machen koẹt lụy
Recht sịth
rechts khang-sdạm
Regen phliang
reich mian
reif tụm
Reis gebraten bay-liing
Reis (gekocht) bay
Reis (ungekocht) ạngkå
Reisbauer neak-sraä
Reise dạmnaö
reisen thwö-dåmnaö
Reisender neak-dạmnaö
Reisfeld sraä
Reisschälchen djan-djạngkọh
Reißverschluss khsaä-rut
Rekorder magnee
rennen rụt
richtig tröw
Rikschafahrer neak-siiklo
Rikscha fahren djịh siiklo
Rikscha siiklo
Riel prạk-rial
Rind, Ochse koo
Rindfleisch sạdj-koo
Ring djụgṅdjian
Roman prålaomlook
rösten liing
rot kråhåm
Rücken khnång
Ruderbootfähre tukdå
rufen hạw
Ruhr mual
rühren ko
rund mul

S

Säge roona
sagen prạb
Salbe thnạm-liab
Salz ạmbẹl
salzig prai
Sandale sbaäk-djöng-sạngraäk
Sapote lmụt
satt sein tschaät
sauber ṡat
sauber machen sạmȧt
Sauce toẹk-djrooluak
sauer dju
sauer-salzig dju-prai
Schachtel kạgṅdjåb
Shampoo sabu-kạk-sạk
scharf hẹl, mụt
Scheibe djạmnẹt
schicken phgnaö
schieben rụgn
Schiff kạpal
schlafen keeng
schlafen (höflich für Höhergestellte) sạmran
schläfrig sein ngoongụy
Schlafzimmer bạntụb-sạmran
Schlange puah
schlecht fühlen (sich) (Vorstufe einer Erkältung) sriawsragn
schleppen sạndaong
schließen bịt
schlucken leeb
Schlummerrolle khnaöy-aob
Schlüssel sao
schmecken tschngạgn

Schmerzen haben tschū
Schmied djiang-daäk
Schmuck kröång-ạlạngka
schmutzig kåkhwặk
Schnee prịl
Schneider djiang-kạt-dee
Schneiderladen hang-dee-khao-aw
schnell löån
schon einmal daäl
schon haöy
schön ṡat
schöpfen duah
Schrank tu
Schrauben khdjạw
Schuhe sbaäk-djöng
Schule sala
Schüler kon-sọ̈h, sọ̈h
Schüssel djan-sặmlå
schwarz khmạw
Schwarz-Weiß-Film fi-il-så-khmạw
Schweinefleisch sạdj-djruk
schwer thgnụn
Schwester (älter) bång-srey
Schwester (kleine) pħon-srey
Schwester/Bruder (jünger) pħon
Schwiegerenkel/in djạw-pråsa
Schwiegersohn/-tochter kon-pråsa
schwierig pịbak
schwimmen haäl-toẹk
sehen möl
sehr nạh
Seide sot
Seife sabu
sein djia, kū
seit tạng pii
Seite khang
September kạgṅgna
Sesam lngoo
setzen, sich ångkuy-leeng
Shake toẹk-krålọk
Shrimps bặngkia
Sicherheitsnadel mdjụl-khtoah
sie (Ez) koat
Sie (Anrede) neak
sie (Mz) kee-teang-ạh
siegen tschneah
Silber prạk
sitzen; sich setzen ặngkuy
Skorpion khya-dặmrey
Slip khao-sliib
so (wenn so) ạgndjoẹng
so (U) mlẹh
Sojasauce toẹk-siiw
Soldat tiahian
Sonne (U) thngai
später peel kraoy
später Nachmittag lngi-adj
Speise djặmney, m̈hob
Speiseeis kareem
Spiegel kạgṅdjặk
spielen leeng
spitz sruadj
Spitze krånạt-pạk
Sport keyla
Sportler keylakå
Sprache phiasa
sprechen nịyiay
springen loot
Spritze geben djạk thnạm
Stäbchen djặngkọ̈h
Stadt tiikrọng
Stammkunde mooy
Stange daöm
stechen (Biene, Skorpion) tịdj
stehen tschoo
Stein thmå
Stelle, Ort tii
stellen, legen dạk
Stoff krånạt
Stoff (Material) sạdj
Stoff, synthetischer krånạt-tetårọng
Straße phlọ̈w
Strauß bạdj
Streichhölzer tschö-kụh
Stück dọm
Student nịsẹt
Stuhl kaȯey
Stuhlgang liamuak

stumpf tial
Stupa djaätdey
Sturm pyụh
suchen rook
Suppe sạmlå
süß-sauer dju-aäm
süß pћaäm
Süßspeise bạngaäm

T

T-Shirt aw-yūt
Tabak thnạm-djuak
Tablette thnạm-kroab
Tafel khda-khian
Tag thngai
täglich roal thngai
tanken djạk sạng
Tante (älter als Eltern) ọm-srey
Tante (jünger als Eltern) miing
Tante/Onkel (älter als Eltern) ọm
Taschenlampe pịl
Tasse peäng
Tee toẹk-taä
Teekanne pạn-taä
Teller djan
Tempel prasat
Termin kalpạritschaät
teuer thlai
Theater lkhaon
Theater (Gebäude) roong-lkhaon
Ticket sạmbọt
Ticketschalter kạnlaäng-luak-sạmbọt
Tier sạt
Tiger khla
Tinte toẹk-khmạw
Tisch tọk
Tischler djiang-tschö
Toilette bạngkụn
Toilettenpapier krådạh-bạngkụn
Tök (10 cm) tọk
Tonbandkassette kasaät-thåt-sạmleeng
Topf tschnạng
Tourist teesdjå
Tradition; traditionell pråpẹynii
Tragekorb (großer) kạgṅtschee
Tragestange dångreäk
Trainer kru-bạnghạt
Traktor trạktor
treffen djuab
Treppe djụndaö
treten theak
trinken gnạm
trocken snguat
Tropfen thnạm-dạmnạk
trotz tuah-bey
Tuberkulose roobeeng
Tür thwia
Turnschuhe sbaäk-djöng-spor
Typhus krụn-puahwian

U

über (sprechen über) åmpii
über (örtl.) lö
überbrühen srọh
übergeben, sich ƙuat
übermorgen khan-śaäk
Uhr nialẹka
Uhr (Zeit); Stunde maong
um ... herum djụmwẹgn
um ... zu daömbey
und haöy, noẹng
Unfall kruaћthnạk
ungefähr pråhaäl
Universität sakạlwịthyialai
unten khang-kraom
unter kraom
Unterricht beginnen djol-rian
untersuchen pịnịt
Urin toẹk-mot

V

Vater ọwpụk
Ventilator dạnghạl
verabschieden (sich) lia
verantworten totual-khọh-trọw
verkaufen luak
Verkäufer neak-luak
Verkaufsstand tob

Verkehrsschild sạngngna-djåradjå
verlieren djạgn
Verlust haben khat
vermieten djual
Vermieter neak-djual-phteah-aoy-kee
Verpackung kạgṅdjạb
verstecken, sich leak khluon
Vertrauter neak-djịt-dịt
Verwandte und Freunde gniat-mịt
viel; meist djraön
Vierteljahr treymiah
Volleyball bạl-wolley
vollständig ạh, krụp
von ... bis (zeitlich) djạb pii ... dạl
von (gehörend zu) roobạh
vor mụk
vor (zeitl.) mụn
vor kurzem thmey thmey nịh
vorgestern msẹlṁngai
vorn khang-mụk
vorsichtig sein pråyạt

W

Wange tpoal
wann (FW) peel-na
warm, heiß kdạw
warten djạm
warum (FW) haät-awey
was ey
was (FW), welche awey
waschen (Kleidung) ba-ok khao-aw
waschen (Wäsche) baok
waschen (Hände/Füße) liang (dai/djöng)
Wasser toẹk
Wasserbüffel kråbey
Wassereimer thụng-toẹk
Wasserfass piang-toẹk
Wasserkessel kạmsiaw
Wecker nialẹka-roo
Weg phlộw
weggehen djẹgn
wehtun tschū
weil pruah
Wein sra-tụmpeang-bay-dju
weiß så
weit tschngay
welche(s,-r) daäl
welches (U) ey
wenig tẹdj
wenn (zeitl.) kal-na
wenn (kausal) baö
wer (FW) neak-na
Wert dạmlai
Wetter thiatakạh
Wettkampf kapråkuat
wie, was (FW; U) mẹdj
wie viel (FW) pọnman
Wildschwein djruk-prẹy
Wind khyạl
wo aäna
wo (FW) nộw-aäna
wo (FW); welche (FW) na
Woche atoẹt, sạpạda
wöchentlich roal atoẹt
woher (FW) mook pii-na
wohin (FW) tộw-na
Wohnzimmer bạntụb-salọng
Wolke poopook
wollen djạng

Z

zählen roab
Zahn thmịgn
Zahnbürste djrạh-dọh-thmịgn
Zahnpasta thnạm-dọh-thmịgn
Zange dạngkạb
Zehe mriam-djöng
zehntausend mön
zuhören sdạb
zeigen bạnghagn
Zeit peel
Zeit haben tụmnee
zelten bạh tạng
Zentimeter sạngtiimaät
zerstampfen bọk
ziehen ooh
Zigarette barey

Zigarette (selbstgedrehte) barey-mu-dai
Zigarettenverkaufsstand tọk-luak-barey
Zimmer bạ̊ntụb
zittern gneak
zu (zu teuer ...) peek
Zucker skå
Zuckerpalme daöm-thnaot
Zug rootẹh-phlöng
Zug, Eisenbahn rụt-phlöng
zunächst sẹn
Zunge ạ̊ndat
zwischen djạ̊nlạ̊h

Wörterliste Khmer – Deutsch

A

aäna wo
aäng du
aänụh dort
adj können
ạgndjögn bitte (HW)
ạgndjögn einladen
ạgndjoẹng so (wenn so)
ạllömạng Deutschland, deutsch
an lesen
ạng grillen
aosọtthan Apotheke
aoy geben; lassen; erlauben
aoy für; damit
asạnrook Cholera
ạtạpụlkam Leichtathletik
atoẹt Woche
atriat Mitternacht
aw Hemd, Bluse
aw-dai-khley Hemd/Bluse kurzärmlig
aw-dai-weäng Hemd/Bluse langärmlig
aw-prọh Herrenhemd
aw-roongia Pullover
aw-srey Damenbluse
aw-yūt T-Shirt
awey was (FW), welche
ayụ Alter

Å

åkụn danken, Danke schön
åmbaoh Besen
åmbåh-dee Garn, Zwirn
åmbẹl Salz
åmpii über (sprechen über)
åmpul-phlöng Glühbirne
åndat Zunge
ång KW für Mönche, Könige
ångkå Reis (ungekocht)
ångkå-dạmnaöb Klebreis (ungekocht)
ångkuy sitzen; sich setzen
ångkuy-leeng sich setzen
ångroẹng Hängematte
ångtaän Antenne
åt nicht, kein
åt-tooh entschuldigen

B

baä tọw gerichtet sein auf
badj Strauß
badj KW für Blumen, Kräuter
baitång grün
bạl-basket Basketball
bạl-toat Fußball
bạl-wolley Volleyball
ban bekommen
ban möglich sein
ban HZV
baoh fegen
baok waschen (Wäsche)
baok khao-aw Kleidung waschen
baö wenn (kausal)
baök fahren (Kfz)
baök einschalten
baök öffnen
baök phlöng Licht anmachen
baök thwia Tür öffnen
barey Zigarette
barey-mu-dai Zigarette (selbstgedrehte)
bat ja (für Männer)
bay Reis (gekocht)
bay-liing Reis gebraten
bå fahren (Kfz)
båbå-sạndaäk süße Bohnen
bạh tạng zelten
bạk phlẹt fächeln mit Fächer
bạmpoong fritieren
bạmpụng-kå Rachen
bạndaoy Länge

bång Bruder/Schwester (älter)
bång-pon-djiidoon-muay Cousin, Cousine
bång-proḥ Bruder (älter)
bång-srey Schwester (älter)
bångaäm Süßspeise
bånghagn zeigen
bångkång gegrillte Languste
bångkång-doṭ Languste (gegrillte)
bångkia Shrimps
bångkuṇ Toilette
bångrian lehren
bånguadj Fenster
bånlaä Gemüse
båntaong-khsaä-kå Kettenanhänger
båntẹdj ein bisschen
båntụb Zimmer
båntụb-salọng Wohnzimmer
båntụb-såmran Schlafzimmer
båntụb-toẹk Badezimmer
båtdjöng „sein Geschäft erledigen"
båtdjöng thọm „groß" machen
båtdjöng todj „klein" machen
bịdj Kugelschreiber
bịt schließen
bịt phlöng Licht ausmachen
biidjeeng Glutamat
boh Geschwür
bọk zerstampfen

D

daäl schon
daäl welche (-s,-r), der, die, das (Relativpron.)
daäk Eisen
daäk-kẹh Feuerzeug
daäk-kool Nägel
dai Arm, Hand
dai-aw Ärmel
dạk stellen, legen
dạm bay kochen; Reis kochen
daoy durch, indem
daö gehen, laufen
daöm Stange
daöm KW für Bäume, Zigaretten
daöm-djeek Bananenstaude
daöm-dong Kokospalme
daöm-thnaot Zuckerpalme
daöm-tråbaäk Guavabaum
daöm-tschö Baum
daömbey um ... zu
dåh ausziehen, abnehmen
dåk dånghaöm atmen
dål bis
dåmlai Wert
dåmlai-prạk Kurs
dåmnaö Reise
dåmnoẹng Nachricht
dåmrey Elefant
dångreäk Tragestange
dånghạl Ventilator
dångkạb Zange
dey Erde, Boden
dey-så Kreide
dọm Stück
dọm KW für Kohl, Salat, Kuchen, Steine
doṭ anzünden; backen
duah schöpfen
djaätdey Stupa
djạb djångkọh Stäbchen halten
djạb pii ... dål von ... bis (zeitlich)
djạgn verlieren
djah ja (für Frauen)
djạh alt
djạh dunkel (Farbe)
djạk eingießen
djạk sạng tanken
djạk thnạm Spritze geben
djạm warten
djạmhọy dämpfen
djan Teller
djan KW für Portion
djan-bay flacher Teller

djan-djångkọh Reisschälchen
djan-sạmlå Schüssel
djạw Enkel/in
djạw-pråsa Schwiegerenkel/in
djåmka Plantage, Gemüsefeld
djåmnẹgn Gewinn
djåmnẹt Scheibe
djåmnẹt KW für Scheiben
djåmney Essen, Speise
djång an-, festbinden
djång möchten, wollen
djångiat eng
djångka Kinn
djångkẹh Hüfte
djångkiang Lampe
djångkiang-preengkat Petroleumlampe
djångkọh Stäbchen
djångkran Herd
djångkran-bay Küche
djånlåh zwischen
djåt parken
djbạb Gesetz
djẹgn weggehen, abfahren
djẹgndjrạm hacken (fein)
djẹh können
djẹk beißen (Schlange)
djẹt Herz (übertragen)
djeek-khtịh Bananen mit Kokosmilch
djeek-poong-moan Königsbanane
djia sein
djiamuay mit
djian braten
djiang mehr, mehr als
djiang-daäk Schmied
djiang-kạt-dee Schneider
djiang-kång Fahrrad-schlosser
djiang-lan Autoschlosser
djiang-miah Goldschmied
djiang-phlöng Elektriker
djiang-sång-phteah Bauarbeiter
djiang-toẹk Klempner
djiang-tschö Tischler, Zimmermann
djianịdj immer
djịh mitfahren
djịh siiklo Rikscha fahren
djiidon Großmutter, Oma
djiita Großvater, Opa
djoẹt nah
djọh hinunterbegeben (sich)
djọh RW (hinunter)
djọh thlai Preis nachlassen
djol hineingehen
djol RW (hinein)
djol-rian Unterricht beginnen
djọngphọ̈w Koch
djookdjẹy Erfolg
djöng Bein, Fuß
djöng-khao Hosenbein
djrạh-dọh-thmịgn Zahnbürste
djraön viel; meist
djråmọh Nase
djrụgn Hackbrett
djruk-prẹy Wildschwein
djrụng eckig
dju sauer
dju-aäm süß-sauer
dju-prai sauer-salzig
djuab treffen
djuak rauchen
djual mieten; vermieten
djuankal manchmal
djuay helfen
djụgṅdjian Ring
djụgṅdjian-pịdj Diamantring
djụmwẹgn um ... herum
djun geben
djun RW (an, für jmdn.)
djụndaö Treppe
djụngkụng Knie
djut abwischen, putzen, abtrocknen
djut khluan abtrocknen (sich)

E

ey was, etwas
ey welches (U)
eylọ̈w jetzt, gleich, nun
eywạn Gepäck

F

fiil Film
fiil-kulor Farbfilm
fiil-så-khmau Schwarz-Weiß-Film
flạh-masiin-thåt Blitzgerät

GN

gnạm essen/trinken
gnạm barey rauchen
gneak zittern
gniat-mịt Verwandte und Freunde
gnoognoẹm lächeln
gnoognua Hammer

H

ha moat Mund aufmachen
haäl-toẹk schwimmen
haät-awey warum (FW)
hạn dünn schneiden
hang Geschäft, Laden
hang-dee-khao-aw Schneiderladen
hang-kạt-såk Friseurgeschäft
hang-kụytiaw Suppenküche
hang-luak-eywạn Geschäft
hang-thåt-rub Fotoladen
haöy und
haöy schon, beendet, fertig
hạw rufen
hẹkta Hektar
hẹl scharf
hey (= rū awey) oder? (FW, U)
hob essen

K

ka Arbeit
kaprå̊kuat Wettkampf
kaäw Glas
kaäw KW für Getränke in Gläsern
kạb hacken (zerlegen)
kạbbạh Baumwolle
kadj böse
kạgṅdjạb Schachtel, Verpackung
kạgṅdjạk Spiegel
kạgṅdjö Korb (ohne Griff, tief)
kạgṅdjraägn Körbchen (flach)
kạgṅgna September
kạgṅtschee Tragekorb (großer)
kạk Münzen
kạkạda Juli
kal-na wenn (zeitl.)
kalpạritschaät Datum, Termin
kạmạkå Arbeiter
kạmbẹt Messer
kạmbẹt-tạngtao Hackmesser
kạmpụdjia Kambodscha
kạn halten
kanot Motorboot
kaṅgia Arbeit
kaȯey Stuhl
kapạl Schiff
kapạlhạ̊h Flugzeug
kareem Speiseeis
kasaät-thåt–sạ̊mleeng Tonbandkassette
kasẹkå Bauer
katpọstạl Ansichtskarte
kå Hals
kå̊k Husten; husten
kå̊khwạ̊k schmutzig
kå̊m-roomoah Krätze
kå̊mpụng-phaä Hafen
kå̊mpuah Höhe
kå̊mral-puk Bettlaken
kå̊mrạh Dicke
kå̊msiaw Wasserkessel
kå̊ng-dai Armreifen
kå̊nlạh halb

Wörterliste Khmer – Deutsch

kång Armreifen
kång Fahrrad
kånlaäng Ort, Platz
kånlaäng-luak-såmbọt Ticketschalter
kånteel Matte
kånthao Nachttopf
kbal Kopf, KW für Tiere, Bücher
kdam Krabbe
kdạw warm, heiß
kdạw khluan Fieber haben
keyla Sport
keylakå Sportler
kee man
kee-teang-ạh sie (Mz)
keeng schlafen
keeng-luak einschlafen
khmao schwarz
kiilokram Kilogramm
kiilomaät Kilometer
kiilomaätkaree Quadratkilometer
klassik klassisch
kmian nicht haben, kein
knia einander
knọng in
ko rühren
koat er, sie
koẹt denken; rechnen
koẹt lụy Rechnung fertig machen
kọm nicht
kọmpheak Februar
kon Kind
kon-pråsa Schwieger-sohn/-tochter
kon-sọ̈h Schüler
kọn (Spiel-)Film
koo Rind, Ochse
kotọng Baumwolle
krạh-sẹt-såk Kamm
kram Gramm
kraom unter
kraoy hinter; nächst
kraoy mook danach
krạw außen
krạw-pii außer, abgesehen von
krå arm
kråbey Wasserbüffel
krådạh Papier
krådạh-bångkụn Toilettenpapier
krådạh-prạk Geldschein
kråhåm rot
krå̊la kariert, Karo
krånạt Stoff
krånạt-kotọng Baumwollstoff
krånạt-pạk Spitze
krånạt-tetarọng synthetischer Stoff
kråwịl Ohrringe
kreä Bett
kreä-puk Bett mit Matratze
kroab KW für Edelsteine, Munition, Tabletten
krọm Mannschaft
krọm-phleeng Orchester
kröång Gewürze
kröång KW für Geräte, Werkzeuge, Fahrzeuge
kröång-ạlangka Schmuck
kröång-khlaäm Knabberei
kröång-phleeng Musikinstrumente
kru Lehrer
kru-bånghạt Trainer
kru-bạngrian Lehrer
kru-peet Arzt
kruaħthnạk Unfall
kruasa Familie
krụn Fieber
krụn-djạgn Malaria
krụn-puahwian Typhus
ku malen
kuah thwia klopfen (an die Tür)
kuat sich übergeben
kuleän Litchee
kū sein

KH

khaä Monat
khaät Provinz, Bezirk
khan fehlen; aussetzen
khan-ṡaäk übermorgen

khang Seite
khang-khnọng drinnen
khang-kraom unten
khang-kraoy hinten
khang-kraw draußen
khang-lö oben
khang-mụk vorn, davor
khang-sdạm rechts
khang-tschweeng links
khao Hose
khao-aw Kleidung
khao-khạwboy Jeans
khao-sliib Slip
khao-wölua Kordhose
khat Verlust haben
khạm sich bemühen
khda-khian Tafel
khdjạw Schrauben
khdjạb einpacken
khdjey grün, unreif
khdjey hell (Farbe)
khdjịl faul
khgney Ingwer
khgnọm ich
khiaw blau
khla Tiger
khlạgn Fett
khley kurz
khlian hungrig sein
khluan Körper
khlụng Lepra
khmạw-dai Bleistift
khmeeng jung
khmuay Neffe/Nichte
khnång Rücken
khnång KW für Häuser
khnaöy Kopfkissen
khnaöy-aob Schlummerrolle
khodj kaputt sein
khọh falsch
khpuah hoch; groß
khsaä-dai Armband
khsaä-kå Kette
khsaä-kå-miah Goldkette
khsaä-kråwạt Gürtel
khsaä-phlöng Kabel
khsaä-rut Reißverschluss
khsia Pfeife
khteah Pfanne
khụm Khum (administrative Einheit)
khya-dạmrey Skorpion
khyạl Wind

L

lan Auto
lan-tschnual Bus (in die Provinz)
laöng hinaufbegeben (sich)
laöng RW (hinauf)
lå Ofen
lå gut
lạmbröta Linientaxi
leak khluon sich verstecken
leeb schlucken
leeb thnạm Medikamente einnehmen
leek Nummer
leeng spielen
lia sich verabschieden
liamuak Stuhlgang
liang entwickeln (Film)
liang (dai/djöng) waschen (Hände/Füße)
liing rösten
liit Liter
lkhaon Theater
lmụt Sapote
lngiadj später Nachmittag
lngoo Sesam
lö über (örtl.)
löång gelb
look Herr; Sie (Anrede für Männer)
look-srey Frau; Sie (Anrede für Frauen)
loot springen
löån schnell
luak verkaufen
luak-do Handel betreiben
lụb mụk Gesicht waschen
lụy Geld (U)
lū hören, laut
lwiing moat bitteren Geschmack im Mund haben

M

maät Meter
maät-karee Quadratmeter
maät-kiib Kubikmeter
magnee Rekorder
mạkạra Januar
mao kommen (U)
maong Uhr (Zeit); Stunde
masiin-lan Motor (Auto)
masiin-moto Motor (Motorrad)
masiin-thåt Fotoapparat
masiin-trådjeak Klimaanlage
mday Mutter
mdång einmal
m̀djạh-phteah Gastgeber, Hausbesitzer
mdjụl-dee Nähnadel
mdjụl-khtoah Sicherheitsnadel
mẹdj wie, was (FW; U)
mẹn nicht
mẹn ... tee nicht
mẹn sộw nicht so sehr
mẹn toan noch nicht
mee-djọngphộw Chefkoch
mee-thiawii Anwalt
meeday Medaille
meek Himmel
meesa April
m̀hob Speise, Gericht
m̀hob-khmaä Khmerspeise
miah Gold
mian reich; haben
mịnia März
mịt Freund
mịtpheak Freund
mịthọna Juni
mii-sua Glasnudel
mii-tscha gebratene Nudeln
miiliimaät Millimeter
miing Tante (jünger als Eltern)
miinụt Minute
m̀khụt Mangostane
mlẹh so (U)
mnoah Ananas
moan Huhn
moat Mund
moohawịthey Allee
mook kommen; RW (auf den Sprecher zu)
mook-leeng besuchen
mook pii-na woher (FW)
moonụh Menschen
mooy Stammkunde
mot Mode
moto Motorrad
moto-dụb Motorradtaxi
möl sehen; anschauen (sich)
möl turtuah fernsehen
mön zehntausend
mriam-dai Finger
mriam-djöng Zehe
msạw Mehl
msẹlmẹgn gestern
msẹlm̀ingai vorgestern
mual Ruhr
mụk vor
mul rund, kugelförmig
mụn vor (zeitl.)
mụng Moskitonetz
mụntiipeet Krankenhaus
mụt scharf

N

na wo (FW); welche (FW)
na irgendein
nạh sehr
neak Person; Sie (Anrede)
neak KW für Person
neak-baök-lan Autofahrer
neak-baök-yụnhạ̊h Pilot
neak-båk-praä Dolmetscher
neak-dạ̊mnaö Reisender, Passagier
neak-djạ̊mka Obst- und Gemüsebauer
neak-djịh (lan) Passagier (im Auto)
neak-djịt-dịt Vertrauter
neak-djịt-khang Nachbar
neak-djual-phteah-aoy-

kee Vermieter
neak-djual-phteah-kee Mieter
neak-djụmngū Kranker
neak-djụmnuagn Händler
neak-kasaät Journalist
neak-luak Verkäufer
neak-luak-do Händler
neak-na wer (FW)
neak-neesat Fischer
neak-phleeng Musiker
neak-råtħka Beamter
neak-römåk Fahrer eines Motorrad- oder Fahrradanhängertaxis
neak-siiklo Rikschafahrer
neak-skoal-knia Bekannte (r)
neak-sraä Reisbauer
neak-srey Frau; Sie (Anrede für Frauen)
neak-teang-ạh ihr
neak-tịgn Käufer
neak-tukdå Fährmann
neangkoal Pflug
nialẹka Uhr
nialẹka-dai Armbanduhr
nialẹka-roo Wecker
niatii Minute
nịh diese
nịsẹt Student
nịyiay sprechen
noẹng und; hier; HZZ
nö̦w sich befinden; bei, in
nö̦w andauern, bleiben
nö̦w-ääna wo (FW)
nụh das, jene, dort
nụm Kuchen
nụm-pạng Brot

NG

ngiak drehen, neigen
ngiak mụk Kopf drehen
ngoognịt dunkel
ngoonguy schläfrig sein, müde sein
ngöb aufstehen
ngöb mụk hoch gucken
ngut-toẹk duschen

O

ooh ziehen
ọm Onkel/Tante (älter als Eltern)
ọm-prọh Onkel
ọm-srey Tante
öwpụk Vater

P

pah flicken
pạn-kafee Kaffeekanne
pạn-taä Teekanne
paspor Pass
pdey Ehemann
peäng Tasse
peek zu (zu teuer ...)
peel Zeit
peel kraoy später
peel mụn damals, früher
peel-na wann (FW)
peel-tụmnee Freizeit
peet Arzt
piang-toẹk Wasserfass
pịdj Diamant
pịbak schwierig
pịl Taschenlampe
pịnịt untersuchen
pịpor Ausstellung
pịsa essen (hochspr.)
pọh Aufnahme (Photo)
polịh Polizei
pọnman wie viel (FW)
poopook Wolke
poot Mais
prạb sagen, mitteilen
prai salzig
prạk Silber; Geld (Hochsprache)
prạk-dọlla Dollar
prạk-rial Riel
prasat Tempel
prådạb-kuåh-barey Aschenbecher
prågnạb sich beeilen
pråhaäl ungefähr
prålaomlook Roman
pråpẹynii Tradition; traditionell
pråphẹh grau
pråpụn Ehefrau

pråyat vorsichtig sein
preeng-masiin Motoröl
preeng-tscha Bratöl
pril Schnee
proek Morgen
proh Mann
prooloem Morgengrauen, Dämmerung
pru Begleitpersonal (Bus, Schiff)
pruah weil
pu Onkel (jünger als Eltern)
puah Bauch
puah Schlange
puah-thlan Python
puakmak Freund (U)
puk Matratze
pukaä fähig
punlū Licht
puthaw Axt
pyuh Sturm

PH

phaäm süß
phång auch; AP
phdasay Grippe
phdaw Ratan
phdet Abzüge machen (Foto)
pheesdjeak Getränke
phgnaö schicken
phgniaw Gast
phiasa Sprache
phkoo Donner
phlaä Frucht; KW für Obst, Angelhaken
phlaä-tschö Obst, Früchte
phlet Fächer
phleeng Musik
phliang Regen
phlöng-stop Ampel
phlöw Weg, Straße
phlöw-båmbaäk Kreuzung
phlöw-lum Pfad
phlū hell
phneäk Auge
phnum Berg
phon Schwester/ Bruder (jünger)
phon-proh kleiner Bruder
phon-srey kleine Schwester
phsa Markt
phteah Haus
phteah-bay Küche
phteah-djual Mietshaus
phuay Decke

R

radio Radio
råtthianii Hauptstadt
riab båntub Zimmer vorbereiten
riak Durchfall
riikriay sich freuen
roab zählen
roal jede(r,-s)
roal atoet wöchentlich
roal thngai täglich
roobå Beruf
roobåh von (gehörend zu)
roobeeng Tuberkulose
rook suchen
rook-sii Lebensunterhalt verdienen
rooliak entzündet sein
roomoah jucken
roona Säge
roong-djak Industriebetrieb
roong-kon Kino
roong-lkhaon Theater
roonoah Egge
rooteh-koo Ochsenkarren
rooteh-phlöng Zug
rooteh-seh Pferdewagen
roowul beschäftigt sein
rooyeak Dauer, Frist
röäng Angelegenheit
ruahdjiat Geschmack
rub Bild; Figur
rub-kumnu Gemälde
rub-tschö Holzfigur
rugn schieben
rukhwithey Allee
runteah Blitz
rut rennen
rut-phlöng Zug, Eisenbahn

rụt-yụn Auto
rụt-yụn-krọng Bus (Stadtbus)
rū oder
rū tee oder nicht

S

ṡaäk Morgen
sab faul
sabu Seife
sạpạda Woche
sabu-kạ̊k-sạ̊k Shampoo
sạdj Fleisch
sạdj Stoff (Material)
sạdj-dom Muskel
sạdj-djruk Schweinefleisch
sạdj-koo Rindfleisch
sạgngna-djåradjå Verkehrsschild
sakạ̊lwịthyialai Universität
sala Schule
sạng Benzin
sao Schlüssel
sao-phteah Hausschlüssel
saöm feucht
sarạmụntii Museum
sarạmụntii-djiat Nationalmuseum
sạt Tier
ṡat sauber; schön
så weiß
såm Gabel
sạmay modern
sạ̊mȧt sauber machen
sạ̊mbọt Karte, Ticket; Brief
sạ̊mbọt-kọn Kinokarte
sạ̊mbọt-lan Fahrkarte (Bus)
sạ̊mbọt-yụnhạ̊h Flugkarte
sạ̊mlå Suppe
sạ̊mliak-bạ̊mpeak Bekleidung
sạ̊mnạk bleiben, wohnen (für kurze Zeit)
sạ̊mrạb für, Paar (Schuhe); KW für Kleidungsstücke
sạ̊mrak sich erholen
sạ̊mran schlafen (höflich für Höhergestellte)
sạ̊ndaong schleppen
sạ̊ngtiimaät Zentimeter
sạ̊ngtiimaät-kiib Kubikzentimeter
sạ̊nloẹk KW für Blätter
sbaäk Haut
sbaäk-djöng Schuhe
sbaäk-djöng-khlụb Halbschuhe
sbaäk-djöng-phtoat Badelatschen
sbaäk-djöng-sạ̊ngraäk Sandale
sbaäk-djöng-spor Turnschuhe
sdạb hören, zuhören
sẹn zunächst
sẹpạkå Handwerker
seyha August
siawphö̤w Buch
sịth Recht
siido Judo
siiklo Rikscha
skå Zucker
skoal kennen
slabpria Löffel
slå kochen (Suppe)
sloot gut (Charakter)
snạk-nö̤w bleiben
sngao kochen
snguat trocken
sọk-sabbay gut gehen (jmdm.)
som bitten; bitte (höflich auffordernd)
som HW (vor Verben, nicht auffordernd)
sọm bitten (U)
sot Seide
sö̤h Schüler
spoan Kupfer
sra Alkohol
sra-bia Bier
sra-tụmpeang-bay-dju Wein
sraä Reisfeld
sral leicht
srạ̊h frisch, nicht gekocht
sråkial halbreif
srey Frau

sriawsragn schlecht fühlen (sich) (Vorstufe einer Erkältung)
sroh überbrühen
srok Kreis
sröw Paddy
sruadj spitz
srual einfach
sthantut Botschaft (diplomat.)
stiilo Füller
sua fragen
suasdey Hallo!
sukola braun

T

ta Großvater
taä aber
tam nach, folgend
tang pii seit
taö FEP
tå-thlai aushandeln (Preis)
tbong Edelstein
teang-åh alle
tedj wenig
tee nein; VP
teesdjå Tourist
teespheap Landschaft
tia Ente
tiab niedrig
tiahian Soldat
tial stumpf
tian Kerze
tiat noch; wieder
tidj stechen (Biene, Skorpion)
tign kaufen
tii Stelle, Ort
tiikrong Stadt
tob Verkaufsstand
todj klein
toek Wasser
toek-djrooluak Sauce
toek-djumnun Hochwasser
toek-kåk Eis
toek-khmaw Tinte
toek-khmeh Essig
toek-krålok Shake
toek-krodj Limonade
toek-mot Urin
toek-siiw Sojasauce
toek-taä Tee
toek-thnaot Palmsaft
toek-thnaot-dju saures Palmbier
toek-trey Fischsauce
tok Tisch
tok-luak-barey Zigarettenverkaufsstand
tola Oktober
totual-khoh-tröw verantworten
tootoeng Breite
tök Tök (10 cm)
töw gehen, fahren; AP
töw sich (weg-) begeben, RW (weg vom Sprecher)
töw-na wohin (FW)
tpoal Wange
traktor Traktor
trådjeak kalt
trådjiak Ohr
trång gerade
trång-nih hier
trång-nuh dort
trey Fisch
treymiah Vierteljahr
tröm bis
tröw müssen; richtig
tröwka brauchen, benötigen
trung Brustkorb
tu Schrank
tu-khao-aw Kleiderschrank
tuah-bey obwohl, trotz
tukdå Ruderbootfähre
tum reif
tumhum Größe
tumnee Zeit haben
tumnöb modern
tunlee Fluss
turtuah Fernsehen

TH

tha dass
thaäm hinzufügen
thaok billig
thåt fotografieren
theak treten
thiatakah Wetter
thlai Preis; teuer
thmå Stein
thmå-pil Batterie

thmey neu
thmey thmey nịh vor kurzem, neulich
thmịgn Zahn
thnạm Medizin, Medikament
thnạm-dåmnåk Tropfen
thnạm-djuak Tabak
thnạm-dọh-thmịgn Zahnpasta
thnạm-kroab Tablette
thnạm-liab Salbe
thngai Tag; Sonne (U)
thngai-bọn Feiertag
thngai-nịh heute
thngai-roosial Nachmittag
thngai-trạng Mittag
thgnụn schwer
thnu Dezember
thoamdjiat Natur
thoat dick
thọm groß
thub-mụh Räucherstäbchen gegen Mücken
thụng-sạmram Mülleimer
thụng-toẹk Wassereimer
thwia Tür
thwia-phteah Haustür
thwö machen
thwö-dåmnaö reisen
thwö-ka arbeiten
thwö-sraä Reisanbau betreiben

tscha braten
tschaät satt sein
tschåmiah Halbjahr, Semester
tschẹh brennen; anspringen (Auto)
tschiam Blut
tschkaä Hund
tschma Katze
tschmuah Name; heißen
tschnạm Jahr
tschnạng Topf
tschnạng-phlöng Feuertopf
tschneah gewinnen, siegen
tschngạgn schmecken
tschngay weit, fern
tschnot gestreift
tschnual Miete, Gebühr
tschoo stehen
tschö Holz
tschö-kụh Streichhölzer
tschộng Knochen
tschụb anhalten
tschū Schmerzen haben, krank sein, wehtun
tschū kbal Kopfschmerzen haben

U

ụsa fleißig
ụsạphia Mai

W

wai-bọk Boxen
wakång Urlaub
weah-kạt operieren
weang Palast
weangnoon Vorhang
weäng lang
wia es
wial-smaw Wiese
wial-yụnhåh Flughafen
wịgn zurück
wịl-mụk schwindlig sein
wịniatii Sekunde
wịswạkå Ingenieur
wịthey Straße
wịtschẹka November
woat Kloster

Y

yang-mẹdj wie (FW)
yiay Großmutter
yook nehmen
yöng wir
yụb Abend, Nacht
yụn-håh Flugzeug
yūt langsam

Die Autoren

Claudia Götze-Sam und **Sam Samnang** sind beide Jahrgang 61 und von Beruf Sprachmittler.

Claudia Götze-Sam hat in Berlin studiert und im Fach Khmeristik promoviert. Sie arbeitet als Übersetzerin und Lehrerin für Khmer und hat zahlreiche Reisen nach Kambodscha unternommen.

Sam Samnang ist in Phnom Penh geboren. Er hat ebenfalls in Berlin studiert und promovierte im Fach Geschichte Südostasiens. Beide leben gegenwärtig in Berlin und beschäftigen sich beruflich und privat mit der Sprache, Kultur und Geschichte Kambodschas.